ENTRE OLAS Y MONTAÑAS
EL MISTERIO

Ramón Navarrete Pujol

Reservados todos los derechos. No se permite la reproducción total o parcial de esta obra, ni su incorporación a un sistema informático, ni su transmisión en cualquier forma o por cualquier medio (electrónico, mecánico, fotocopia, grabación u otros) sin autorización previa y por escrito de los titulares del copyright. La infracción de dichos derechos puede constituir un delito contra la propiedad intelectual.

El contenido de esta obra es responsabilidad del autor y no refleja necesariamente las opiniones de la casa editora. Todos los textos e imágenes fueron proporcionados por el autor, quien es el único responsable sobre los derechos de los mismos.

Publicado por Ibukku, LLC
www.ibukku.com
Diseño y maquetación: Diana Patricia González Juárez
Diseño de portada: Ángel Flores Guerra Bistrain
Copyright © 2024 Ramón Navarrete
ISBN Paperback: 978-1-68574-960-6
ISBN Hardcover: 978-1-68574-962-0
ISBN eBook: 978-1-68574-961-3

ÍNDICE

Preliminar	9
I.- El caballo del general Vicente Pujals	13
II.- «¡Ese chivito es mío!»	17
III.- Remigio, el moro Elías y el pájaro de La Bruja	25
IV.- El secuestro de Juan Miguel	33
V.- Aventura de Ariel en el cocal de Camaroncito	39
VI.- El fenómeno del arenal	41
VII.- Pancho, «el hombre de los gusanos»	43
VIII.- Espanto en el pesquero La Piedrota	45
IX.- La piedra salvadora	47
X.- Ataque paranormal en Los Ñames	49
XI.- «Me castigaron los indios»	53
XII.- El barco fantasma	57
XIII.- Intento de fuga en 1967	61
XIV.- La maldición de las cabezas de madera	67
XV.- Cayo Damas: plaza embrujada	81
XVI.- El perro del tinajón	85
XVII.- Náufrago por estupidez	89
XVIII.- La impronta del ancla	95
XIX.- La casa de Cañizo	99
XX.- Comunicación después de la muerte	105
XXI.- La última cita de Capi	107
XXII.- El escorpión negro	111
XXIII.- Platillos voladores en los cielos de Caletón Blanco	115
XXIV.- Rincón Santiago	119
XXV.- La morena del «Oquendo»: un verdadero monstruo marino	123

XXVI.- Terror nocturno en la casa de Caletón Blanco	127
XXVII.- La mano	129
XXVIII.- Sucesos extra normales en Boca de Cabañas	131
XXIX.- Aterrador sonido en el mar	135
XXX.- El misterio del «Furor»	137
XXXI.- Objetos foráneos arrojados por el mar	143
XXXII.- Tragedia en la playa de Cazonal	147
XXXIII.- Apariciones de cadenas	151
XXXIV.- El poder de convocatoria del árbol del camino	153
XXXV.- Botijuelas y cofres con tesoros ocultos	157
XXXVI.- El jagüey de los cangrejos	167
XXXVII.- Mágico sincronismo	169
XXXVIII.- Costa Pinto	171
XXXIX.- El Fantasma de la casa de Elsa	177
XL.- El cadáver	179
Bibliografía	183

El autor desea expresar su profunda gratitud a todas las personas que, de una u otra manera, contribuyeron a la realización de este trabajo. A sus hijos Ramon y Román y a su esposa Mariblanca Martínez, por el constante estímulo y cooperación invaluable, así como a su hermano Gabriel Navarrete Pujol, como los anteriores, protagonista de muchos de sus capítulos, por sus valiosas informaciones y por amablemente cedernos varias de las fotografías que ilustran el texto.

A mi esposa Mariblanca,
que abrió sus ojos a la luz
entre olas y montañas

Preliminar

El presente trabajo constituye una colección de sucesos raros, misteriosos o extraños, acaecidos en el pasado siglo, en la zona costera de las actuales provincias de Santiago de Cuba y Granma, en el sureste del país. Además de sus propias experiencias, el autor ha incorporado otras, suscitadas a familiares y amigos, apreciados por su honestidad.

Lo poco que se ha tomado en cuenta la rica memoria que sobre el mundo espiritual atesoran los pobladores de la región motivó su redacción. Y, al margen de la polémica eterna entre materialistas y espiritualistas, lo cierto es que podría afirmarse, sin temor a errar, que no existe en la Tierra conjunto o conglomerado humano que no haya reportado la ocurrencia de eventos anómalos, inexplicables que escapan a la lógica comprensión de nuestros sentidos.

El área geográfica en cuestión ha sido escenario de un intenso quehacer antrópico, en un dilatado proceso histórico que abarca desde las comunidades aborígenes precolombinas, en distintas fases de evolución cultural (preagroalfareros, agroceramistas incipientes y agroalfareros); la conquista y colonización españolas, el sistema de encomiendas, la transculturación indo hispánica, las rebeliones indígenas, la esclavitud, el cimarronaje, el corso y la piratería, el contrabando, las gestas independentistas, la guerra hispano-cubano-americana, la etapa republicana, la guerra de guerrillas del Ejército Rebelde contra Fulgencio Batista, hasta los tiempos actuales.

Consecuencia de estos eventos, tuvo lugar *in situ* la confluencia e hibridación de diversos grupos étnicos (europeos, africanos y aborígenes, principalmente) que generaron una población mayoritariamente mestiza, heredera de la cultura material y espiritual de sus progenitores.

Dentro de este accidentado territorio (Lámina I) se ubica la Sierra Maestra (la más extensa de Cuba) donde descuella el pico Turquino, el de mayor altura sobre el nivel del mar en el país. Entre las montañas del gigante orogénico oriental y el agitado mar Caribe, hallamos un irregular corredor, integrado por planos aluviales, surcados por cauces de ríos y arroyos (hogaño gran parte secos o de fluido intermitente) que vierten en el litoral, rico en playas, ensenadas y abruptos acantilados. Ese es, precisamente, el espléndido anfiteatro natural donde ocurrieron los episodios que en breve serán expuestos: entre la cordillera y el mar, entre el verdor esmeralda y el inmenso azul turquí, donde nacen infinitas olas que mueren al embestir la ribera, esparciendo salitre —el rocío del mar— una y otra vez, como el eco que rebota en la montaña…

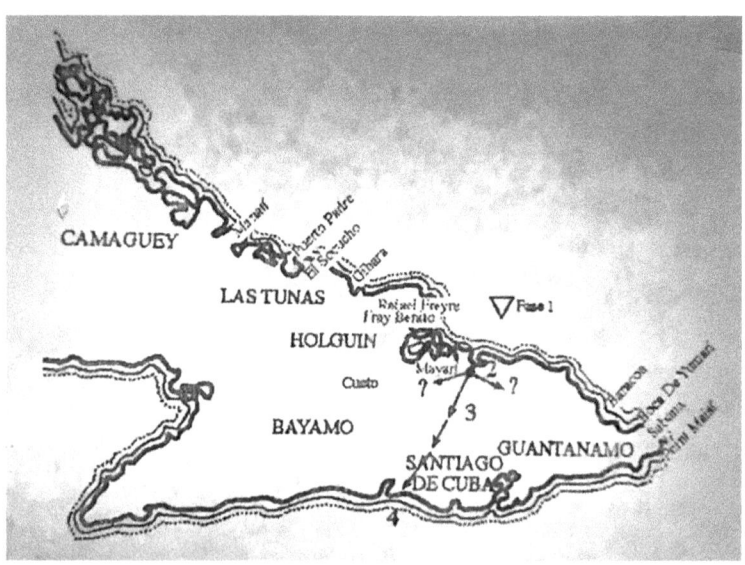

Lámina I. Región suroriental de Cuba.

Hay que aclarar que se trata de una modesta recopilación de sucesos vividos por gente común, que, por alguna razón esotérica, se asomaron, fugazmente, al inconmensurable, vibrante e ignoto universo espiritual, coexistente con el material en que residimos e interactuamos cotidianamente, la más de las veces inconscientes de ello. Intentar conservar estas experiencias para las generaciones futuras ha sido la única intención del autor. Que cada cual juzgue según su entender; la cultura espiritual de los pueblos se fundamenta en la conjunción de plurales elementos amalgamados, entre ellos los relatos de la tradición oral.

Ojalá que estos retazos de recuerdos —que a tantas personas hicieron latir con celeridad el corazón alguna vez— sirvan de inspiración y estímulo para la realización de trabajos profundos y abarcadores sobre el tema, y para incentivar la flexibilidad mental, la observación, la meditación, la escucha, el seguimiento de los ritmos planetarios y el profundo respeto al sumo Creador y a su Obra. Esa sería la mayor aspiración del autor.

Finalmente, consideramos oportuno señalar que en el texto incluimos algunos episodios de misterio, expuestos en nuestro libro anterior *EN TORNO A LA INTERACCIÓN CON LOS ESPÍRITUS* porque los mismos ocurrieron dentro del área geográfica que abarcamos en este trabajo.

R. N. P.

I.- El caballo del general Vicente Pujals

Recién instalados en casa de abuela Dora, en julio de 1966, ella nos relató una interesante historia de misterio ocurrida el día en que murió su admirado tío, el general del Ejército Libertador Cubano, don Vicente Pujals y Puente, el 29 de marzo de 1901.

Dora detalló, entre otras cosas, que este patriota —hermano de su padre— había nacido en Santiago de Cuba, el 23 de agosto de 1843 y que, al estallar la Guerra de los Diez Años, en 1868, se alzó en armas contra el gobierno español, llegando —por sus méritos y valor— a formar parte del Estado Mayor de Carlos Manuel de Céspedes, el padre de la patria. Explicó que, al concluir dicha contienda, don Vicente no estuvo de acuerdo —como otros muchos cubanos dignos— con la firma del denominado Pacto del Zanjón, porque significaba una paz sin independencia.

Destacó que, al iniciar la guerra del 95, organizada por José Martí, su tío desembarcó junto a otros patriotas por la ensenada de La Mora, en la costa suroriental, para unirse a la insurrección. Esta vez llegaría a ser jefe del Estado Mayor del generalísimo Máximo Gómez Báez, quien lo escogió, también, como padrino de su hijo Panchito Gómez Toro, muerto en combate junto al indómito general Antonio Maceo Grajales, del que era su fiel ayudante.

Abuela recordaba con tristeza el aciago día del inesperado deceso de su tío, cuando este retornaba a casa procedente de la alcaldía de Santiago de Cuba, donde desempeñaba un discreto cargo público, durante el primer gobierno interventor de los Estados Unidos en Cuba.

Contó así el suceso:

«Salió del trabajo, montó su caballo y se dirigió de vuelta a casa. Por el camino, se detuvo para conversar y compartir unas copas con amigos y excompañeros de armas. Luego, subió al paciente corcel y siguió el periplo a su morada». Tras breve pausa, prosiguió:

«Transcurría el tiempo y aún no llegaba. La familia aguardaba preocupada, pues solía cumplir, estrictamente, como buen militar, los horarios de sus actividades cotidianas. En medio de la expectante vigilia, ya avanzada la noche, escucharon tres contundentes y atípicos toques en la puerta. Tras intercambiar interrogantes miradas, acudieron veloces al punto, para averiguar quién golpeaba de esa ruda e inusual manera. Al abrir, quedaron paralizados por la sorpresa: se trataba nada más y nada menos que del caballo del general».

Dora bebió un poco de agua y continuó:

«Más desconcertante resultó observar, entonces, como el inteligente animal relinchaba e indicaba, con movimientos de cabeza, que lo siguieran, cosa que hicieron de inmediato. La noble bestia marchaba con firmeza a la vanguardia, marcando el rumbo de la comitiva. De repente, se detuvo señalando, con la testuz, la presencia de un bulto sobre el terreno. Cuando arrimaron las amarillentas luces de los faroles, reconocieron, azorados, el cuerpo del amado jefe».

Dijo que, como era una niña, no tuvo acceso al certificado de defunción expedido; no obstante, afirmó que escuchó, de boca de familiares y amigos, que don Vicente Pujals falleció a consecuencia de una fatal caída del corcel, al golpearse en la nuca con una de las numerosas piedras del camino.

Desafortunadamente, el bravo combatiente, que sobrevivió a las balas y bayonetas enemigas durante las guerras de emancipación colonial, no consiguió evitar el impacto letal de aquella insignificante roca.

Por último, es justo destacar la increíble inteligencia, el amor y la fidelidad de aquel maravilloso animal, que actuó de tan singular manera, al percatarse, sagazmente, del fatal accidente experimentado por su jinete, inseparable compañero a lo largo del sendero hacia la independencia.

II.- «¡Ese chivito es mío!»

En la década de los años cuarenta, los abuelos maternos de Mariblanca se establecieron en un punto de la costa, contiguo a la Loma del Papayo, al que bautizaron como El Salvial, debido a la abundancia de la planta homónima en el área. El matrimonio Sánchez Espinosa y sus hijos —que sepamos— fueron los primeros en colonizar aquel pintoresco y agreste segmento costero, durante la etapa republicana. No había vecinos en muchos kilómetros a la redonda.

La tarea por desarrollar sumamente ardua: desmontar la espesa maleza adueñada del relieve, preparar estancias para los animales y para la siembra de viandas y legumbres. Criaban vacas, puercos, guanajos y gallinas, además de las indispensables bestias de carga, único medio de locomoción con que contaban, aparte del uso ocasional de goletas de cabotaje, con las que adquirían mercancías y útiles en las ciudades de Santiago de Cuba y Manzanillo, principalmente.

No disponían de electricidad ni de agua corriente. Un angosto arroyo surtía del preciso líquido para su consumo y el de los animales.

Una tarde, previo al oscurecer, se escuchó el incesante balido de un chivo próximo a la casa. Estaban sorprendidos y extrañados, pues no criaban cabras en la finca y por kilómetros en derredor no existían pobladores. ¿De dónde salió ese animal? Indagaban con asombro, mientras que inútilmente se afanaban por localizarle. Angelita, una de las hijas, que no cesaba de buscarle, exclamó:

—¡Ese chivito es mío!

No sospechaba las consecuencias de aquella peregrina afirmación, ni cuánto iba a cambiar su vida a partir de ese instante. No hallaron rastro del ruidoso rumiante.

A la puesta del sol, se despidieron. Según las buenas costumbres de la época, el novio no debía pernoctar en el hogar de su prometida. Por ello, Angelita dijo adiós a Dionisio en el portal. El joven emprendió el camino de retorno a Camarones, donde vivía con sus padres y hermanos.

El periplo, bien rutinario para él, conocía la rudimentaria vía como la palma de su mano, así fuera noche cerrada o de plenilunio. Iba absorto en pensamientos futuristas, cuando algo fuera de lo común le situó, de golpe, en el mundo real: unos pasos le seguían por el sendero. Giró el cuerpo y advirtió a un desconocido perro que, para sorpresa suya, creció desmesuradamente; pero ahí no paró la cosa. El enorme can se convirtió en un toro bravo, que alcanzaba dimensiones fabulosas. Solo, y envuelto en la penumbra, no esperó más. Inició una carrera a todo dar hacia la casa de su amada, en El Salvial, donde arribó sin aliento, pálido y demacrado.

—¿Qué te sucedió, Dionisio? —preguntó uno de sus futuros cuñados, extrañado por su inesperado retorno. Pero el joven no conseguía pronunciar palabras. Tras beber agua, expresó:

—Se presentó un perro muy raro a medio camino.

—No puede ser, en ese tramo no hay casas, y mucho menos perros —aseguró Daniel, el padre de Angelita.

—El animal creció rápidamente y se transformó en un descomunal toro negro, que me vino encima —afirmó.

Una carcajada general obtuvo por respuesta.

—Lo que pasa es que tenías miedo y no te atreves a reconocerlo —replicó uno del corrillo.

—No, no miento, lo juro, fue real —insistió Dionisio, que, sin proponérselo, se convirtió en el hazmerreír de la noche.

Rompiendo sus propias leyes, la amable familia le consintió pernoctar en casa. A la mañana siguiente, el mal parado novio marchó por la vereda hacia Camarones. Salvo Angelita, nadie se «tragó» su historia, la que calificaron como «puro cuento de camino» fruto de un apendejamiento juvenil.

Esa tarde, Angelita y su hermano Felle recorrían una boniatera en el traspatio de la casa; de repente, las hojas de boniato comenzaron a moverse de una manera esotérica, al igual que el pasto circundante. Cosa rara, anormal, pues no soplaba viento. Un rumor, como de vendaval avecinado, les impelió a meterse en casa; no obstante, no hubo tormenta ni mal tiempo.

Ingresaron a la cama temprano, como de costumbre, tras encender los quinqués y faroles de queroseno. Inusitadamente, oyeron unos pasos en el exterior, que luego irrumpían en la vivienda. Percibían un andar torpe, con pisadas y bufidos de una bestia, a la que le traqueaban los huesos coyunturales.

La aterradora presencia se dirigió al tinajón y bebió abundante agua. Los que estaban despiertos no daban crédito al evento. Angelita gritaba desesperada. Presurosos corrieron a su aposento; halada por los cabellos, recibía bofetadas de una malévola entidad invisible, que, al cabo, se marchó. La muchacha lloraba atemorizada; la parentela, azorada, se agrupaba en derredor. No concebían, consternados, lo sucedido, ni qué explicación atribuirle.

La siguiente noche resultó idéntica. El espectro se hizo sentir primeramente en el corredor, luego, a través de las paredes de tablas, traspasó al recinto. Sus pisadas como con pezuñas y el traqueo de sus huesos eran espeluznantes. Sus soplidos erizaban la piel.

Bebió agua con fruición, iniciando la agresión física a la jovencita, mediante fuertes tirones de pelo que la arrojaban del lecho y contundentes manotazos. Los padres y hermanos volaron a auxiliarla. El perverso espíritu abandonaba entonces el escenario, dejando cautiva de terror y desesperación a la humilde familia.

Las cosas variaron la tercera noche; a Angelita la trasladaron a la alcoba de sus progenitores, esta vez estaría a salvo: fallida presunción. Penetró de similar forma al hogar, ejecutó las mismas acciones rutinarias y, al percatarse de la ausencia de su presa en la habitación, se encaminó a la de sus padres. De un jalón la sacó de la cama —pese a los denodados esfuerzos por retenerla— y comenzó a pegarle despiadadamente.

Los gritos y apelaciones se multiplicaron hasta que la maléfica energía se retiró. Así aconteció en noches sucesivas. De tarde, lanzaba piedras a la joven si salía al patio.

Una vez, Millo Martínez pernoctó allí con su amigo gallego. Armaron hamacas en la sala; yacían despiertos y escucharon a la endemoniada entidad aproximarse, luego se introdujo en el rancho. La sorpresa fue, sin duda, pavorosa: ¡el fenómeno no poseía cabeza! Impotentes contemplaron aquello, así como la inusitada violencia que desató contra la cuñadita. Al marcharse dejó a todos en vilo. Los visitantes abandonaron la casa antes del amanecer.

Por la continuidad del problema, la madre de Angelita, como buena católica, emprendió rezos y plegarias para intentar alejar al diabólico ser. Pronto comprendió que aquello superaba sus fuerzas, que sus oraciones poco o ningún efecto surtían en su contra.

Las despiadadas embestidas proseguían. Cada oportunidad que el espíritu se acercaba, las gallinas lo advertían; generaban un inusual escándalo, aleteando y cacareando. Se caían —o las tumbaban— del árbol en que dormían.

Ante el fracaso de su intento, Encarnación, desesperada, condujo a su hija a un centro (plantel) espiritual para solicitar ayuda a los médiums. Estos sitios, donde se practicaba el espiritismo de cordón, se hallaban en comarcas del levante de Cuba. Su misión consistía en ofrecer auxilio a las personas a través de la interacción con el «más allá». Procuraban sanar enfermos, expulsar energías negativas arraigadas y poseídas, por medio de rituales de exorcismo; entablar comunicación con los fallecidos, propiciar la salud, santiguar, despojar y limpiar espiritualmente.

La marcha rumbo al plantel resultó larga y agotadora. Allí rogaron la «caridad» a los médiums, quienes armaron el «cordón» e iniciaron los rezos de rigor. Previamente, trazaron cruces de ceniza en los puntos de acceso al local, para contener fuera al endemoniado ser.

Tan pronto como este fue invocado, se manifestó en los alrededores del recinto. Reñía impotente al no conseguir traspasar el umbral.

La gente captó su malignidad y perversión. Interrogado por los maestros principales, reveló que en vida fue un militar español muerto por decapitación, en una instalación de vigilancia del ejército colonial que existía en la Loma del Papayo, próxima a la vivienda.

Hagamos una breve digresión para informar que, en la parte superior de dicha elevación costera, Mariblanca y sus hermanos descubrieron restos de la recia horconadura de la antigua construcción, trozos de cerámica y otros testimonios arqueológicos que confirman el postulado. En el paredón frente al litoral del promontorio, detectaron, incrustados, proyectiles de cañón, disparados contra el punto desde el mar, suponemos que durante el bombardeo naval norteamericano que sufrieron fuertes y heliógrafos, durante la guerra hispano-cubano-americana en 1898.

Un proyectil de acorazado se localizó en los terrenos de la finca del señor Rey Sánchez, hermano de Angelita, principiando la década del cincuenta, en lo alto de la Sierra Maestra. Un tal Piraya acumuló árboles y ramas de un desmonte, les prendió fuego y se ubicó a buen recaudo, provocando una explosión que se oyó a kilómetros de distancia y que abrió una furnia de varios metros de diámetro y de una profundidad considerable. Desde entonces el enclave ostenta por nombre La Bomba, y así comparece en los mapas geográficos de la región.

Cuando el espíritu obcecado reveló su identidad le reprimieron, no molestaría más ni a la joven ni a sus parientes, completamente inocentes de lo a él acontecido en el pasado, se alejaría de ellos para siempre. La ceremonia de exorcismo culminó con intensas oraciones, rezos y cánticos colectivos. Le confeccionaron a Angelita un resguardo que debería portar diariamente y le anotaron una serie de remedios para alejar de sus vidas a la perturbadora entidad.

Ya en casa, ejecutaron las recomendaciones con premura. Regaron su interior con agua de plantas y otros productos, colocaron cruces de ceniza y de yarey en puertas y ventanas; se proporcionaron baños de despojo y elevaron oraciones y plegarias a Dios, a su hijo Jesús, a San Miguel arcángel y a los ángeles guardianes. Ella no saldría sola, mucho menos de noche. Los resguardos se mantendrían activos por buen tiempo (cruces, «regios», baños y oraciones).

La primera noche escucharon al espíritu acéfalo merodear la vivienda; los perros ladraban frenéticos y las gallinas cacareaban descontroladas. Pero el valladar protector funcionó cabalmente, resultándole imposible entrar. Las siguientes noches se repitió lo mismo: la barrera bloqueadora demostró su eficacia y poder.

Transcurrieron los días y la vida tomó su curso. El ser oscuro y errante se alejó definitivamente. Reinó la paz y la tranquilidad durante las décadas que habitaron el solitario paraje.

Angelita y Dionisio se casaron y procrearon varios hijos. En tanto las ruinas coloniales de la Loma del Papayo fueron removidas y obliteradas por los trabajos de construcción de la carretera costera, perdiéndose, irremediablemente, una información arqueológica de sustancial importancia para la historia de la localidad.

Parece obvio que Angelita sufrió el embate de un ser diabólico, bestial, como denuncian los relatos de testigos oculares que reportaron el ruido de pezuñas, bufidos y el traquear de coyunturas. El descontrol de los canes y el escándalo y huida de las aves de corral apuntan también en esa dirección.

Este caso evidencia a su vez, la capacidad de la entidad demoníaca de transformar su estructura molecular peri espírita, desde plurales tipos de animales hasta un espectro decapitado.

III.- Remigio, el moro Elías y el pájaro de La Bruja

Corría avanzado el decenio del cincuenta y Remigio se desempeñaba como arriero en la Sierra Maestra en su ramal oeste de la bahía de Santiago de Cuba. Sus constantes andanzas por las montañas lo convirtieron en un experto conocedor del territorio; por ello, los propietarios de las —por aquel tiempo— ricas y productivas fincas, le solicitaban para el transporte de mercancías a los puntos de embarque costeros y a los pueblos de los llanos Inter montanos.

Años después, cuando en la década del setenta laboraba en la cooperativa pesquera, ubicada frente a Cayo Damas, narró a nuestro hermano Gabriel —entusiasta investigador del mundo paranormal— una vivencia imborrable, suscitada durante su etapa previa de conductor de bestias por el accidentado relieve. Describió el evento de la siguiente manera:

—Una tarde, guiaba mis mulos, sumamente cargados, por las veredas y senderos de las estribaciones cercanas a la línea del litoral. Me acompañaba el moro Elías, hacendado de la zona y dueño del cargamento que acarreaba aquella jornada. —Tras una pausa, continuó—. El moro era un experto tirador, lo mismo con revólver que con armas largas. Su reputación, bien ganada, famosa en la comarca. En esa memorable ocasión, portaba un rifle, que gozaba de toda su confianza. —Luego de beber un sorbo de café carretero, prosiguió—. Nos aproximábamos al llamado cruce o paso de La Bruja, enclave que arrieros y viajeros en general procuraban siempre evitar, por el misterio que encerraba. En efecto, los abuelos decían que allí ocurrían fenómenos verdaderamente inconcebibles, que generaban terror al que osara cruzar, sobre todo en horas de la noche, el solitario paraje. —El anfitrión se acomodó un poco en el viejo taburete y retomó la narración:

»Hasta ese día, aunque respetaba el criterio de los mayores, no concedía mucho crédito a dichas anécdotas. Aseguraban que un esotérico pájaro, salido de la nada, revoloteaba insistentemente por encima de las cabezas de caminantes y jinetes; que emitía escalofriantes sonidos modulados, ora agudos, como burlesca risa, ora como un auténtico arriero, llamando al ganado. La gente se espantaba y huía a «uña de buen caballo». —Al escanciar el aromático contenido del viejo jarrito de aluminio, expresó—: Afirmaban que la enigmática ave encarnaba las almas de dos compadres que, a tenor de la leyenda, se mataron un Viernes Santo en un sangriento duelo, sostenido al no concertar un acuerdo en un pleito por la posesión o control de unas tierras. Que sus atormentadas almas, inconformes con su nueva posición, se apoderaron del desconocido pájaro, para vagar en pena y aterrar a quienquiera que invadiera el territorio de su eterna disputa; de ahí la actitud de odio y repulsa a las personas.

Gabriel escuchaba ensimismado, saboreando cada detalle, intentando retener en su mente la mayor información al respecto. Entonces, el hombre de montaña continuó:

—Carboneros de la sierra reportaban que el pájaro de La Bruja les ahuyentaba de los hornos por ellos levantados, mediante sus persistentes pases en picada, sus risas burlonas y hostigamiento, que los obligaba a alejarse del punto atormentados. A veces, al regresar con la luz del siguiente día, algunos hornos abandonados se habían reducido a cenizas, perdiendo el valioso contenido, tan laboriosamente procesado y acumulado. —Seguidamente, añadió—. Tampoco los arrieros, ganaderos y estancieros escapaban de sus acciones intimidatorias, porque cuando acampaban para descansar, tras agotadoras jornadas de sube y baja por las empinadas cuestas, el endemoniado pájaro se presentaba y espantaba los rebaños y arrias, a tal punto que escapaban despavoridos, creando un grave problema a los responsables de su traslado.

—¿Cómo un simple plumífero conseguía infundir pavor a unos animales tan grandes y corpulentos? —cuestionó Gabriel interesado.

—Porque imitaba, con increíble exactitud, la voz de mando de sus conductores. Impresionados ante tanto escándalo y alboroto en lo alto, emprendían entonces una incontenible estampida, confundidos y asustados. Recuerda que son brutos, entrenados únicamente para obedecer órdenes. —Finalizada la aclaración, volvió sobre el tema—. Cuando irrumpimos en el paso de La Bruja, nos recibieron con risotadas de mofa e incursiones sobre nuestras testas. El moro, que no se andaba con niñadas, cargó su rifle presto a repeler la agresión. Montado en su caballo, apuntó con su arma hacia arriba y divisó un ave brillante, la que encentró, y apretó el gatillo. El disparo aturdió mis oídos, pues cabalgaba a su lado. Aquello iluminó en derredor fugazmente, cual relámpago. A continuación, advertimos que el fino sombrero del moro cayó súbitamente. El pájaro embrujado mantenía su actitud hostil. Cuando recogí del polvoriento y empedrado suelo el precipitado objeto, quedé petrificado, al percatarme que el mismo exponía un claro orificio de bala. Pero ¿cómo resultaba posible el hecho, si el famoso tirador apoyó su fusil en el hombro, distante del sombrero y situó la boca del cañón en sentido contrario al mismo? Huelga aclarar que tampoco el tiro le salió por la culata, en el sentido recto de la expresión. Elías me observó atónito, sorprendido; agarró su perforada prenda de vestir, que aún olía a quemado, la colocó en su sitio habitual y nos alejamos rápidamente, sin mirar atrás, escoltados por un recital de desagradables risas burlonas, estremecedoras, apartadas de toda lógica —concluyó Remigio con semblante grave.

Quizás no sobre añadir que estudios posteriores detectaron la presencia en La Bruja de un ave migratoria, sumamente interesante y escasamente conocida, a la que los ornitólogos atribuyen el protagonismo causal de la leyenda del pájaro de La Bruja. Se trata de un petrel que responde al nombre científico de *Pterodroma hasitata*. Sobre este particular, nos informa Wikipedia lo siguiente:

El petrel (*Pterodroma hasitata*) también denominado petrel azulado, petrel gorrinegro y diablotín es una especie de ave procelariforme de la familia *Procellaniidae*. Se extiende por el Caribe hasta el cabo Hatteras sobre la corriente del Golfo en el Atlántico. Anida en Cuba (Sierra Maestra), República Dominicana (Sierra de Bahoruco), Haití (Macizo de la Selle), Dominica y Guadalupe. En Jamaica está extinta *Pterodoma caribea*, forma oscura relacionada con *P. hasitata* y considerada a menudo como subespecie de esta.

Descripción

El petrel antillano mide unos 41 cm de largo y su envergadura de alas alcanza un metro. Dorsalmente es gris castaño oscuro excepto blanco en la frente, la nuca y en una banda ancha en la rabadilla y la base de la cola. Por abajo es blanco excepto en los bordes oscuros de las alas y el extremo de la cola. La mancha oscura de la coronilla cubre también el ojo. El pico es negro. (Lámina II).

Lámina II. Foto del petrel antillano.
Fotografía: Patrick Coin, CC BY-SA 2.5, via Wikimedia Commons

Comportamiento

Vuelan rasantes sobre el agua en vuelo veloz, batiendo las alas rápidamente o sin moverlas cuando aprovechan los vientos contrarios. En los sitios de anidación vuelan de noche para evitar la depredación de las gaviotas. Como en la mayoría de los petreles, su habilidad para caminar es limitada, con un dificultoso andar solo cuando llega al nido. Se alimenta de pequeños peces y calamares que toman de la superficie marina.

Reproducción

Anida de noviembre a marzo en oquedades y grietas de barrancos de montaña. La puesta es de un solo huevo.

Creencias

En los sitios de apareamiento su presencia suele ser causa de creencias en seres sobrenaturales. Esto se debe a que sus llamados son sonidos extraños en la noche, semejantes a las gaviotas, y como son difíciles de ver, suelen ser tomados por ruidos de brujas o diablos por los pobladores cercanos a las colonias. Esto ha originado toponimias, como La Bruja en Cuba o Morne Diablotín, un pico montañoso donde antes se reproducía la especie en Haití.

Después de contrastar las características definitorias de esta problemática ave, aportadas por los estudios ornitológicos, con las informaciones de testigos oculares, representantes de la tradición oral, advertimos ciertas incongruencias que sometemos a la consideración del amable lector.

1.- Resulta inseguro atribuir a *Pterodroma hasitata* la causa del toponímico La Bruja, ya que en Cuba existen otros puntos geográficos denominados así, en los que no ha sido reportada la presencia de la intrigante ave; simplemente se trata de un nombre bastante común y de arraigo popular.

2.- La actitud elusiva y de aislamiento que le señalan los expertos no concuerda exactamente con las descripciones de escandalosa y visible actividad en los cielos nocturnos de La Bruja, referidas por lugareños y viajeros.

3.- Los hábitos alimenticios marinos y de anidamiento en oquedades de los farallones de la escarpa frente al litoral circunscriben su vida a la línea de la costa. En tanto, los reportes de arrieros y carboneros de antaño denuncian al pájaro de La Bruja incursionando en puntos relativamente distantes del patrón ecológico consignado por los investigadores.

4.- Que sus movimientos nocturnos se limitan a ejecutar vuelos de vigilancia entre el acantilado y el mar, protegiendo sus nidos de las oportunistas gaviotas. Las narraciones de testigos comentan sus andanzas un tanto alejadas del litoral. Parece, contra toda lógica, que abandonaron la guardia sobre su única postura, para dedicarse a amedrentar a personas inicuas y al ganado, distantes de sus nidos.

5.- Sus desplazamientos los realizan siempre raso al agua, en un ciclo continuo de los riscos al mar. La tradición oral delata sus vuelos —en escenarios no necesariamente marinos— a diversos niveles de altura.

6.- Los enemigos naturales del petrel son las gaviotas, las boas y los gavilanes, más que el hombre y los mamíferos rumiantes.

7.- Los sonidos que genera, semejantes a los de las gaviotas (aves hartamente conocidas por los pobladores costeños), no constituirían, por tanto, motivo de espanto.

8.- Que parte de sus quehaceres sean nocturnos no implica, forzosamente, algo especial, pues los campesinos y montañeses están totalmente acostumbrados a convivir con especímenes alados de la oscuridad, como es el caso de las lechuzas, búhos y otras rapaces.

Estas divergencias —y otras que podrían sumarse— promueven diversas inquietudes cognoscitivas acerca de esta especie, por lo que consideramos que resta mucho por averiguar en torno al petrel *Pterodroma hasitata*, respecto a sus hábitos de comportamiento, su alimentación, relaciones ecológicas, desplazamiento y migración, entre otros aspectos.

Por otra parte, las narraciones de la tradición oral —casi siempre relegadas o desdeñadas— cuidadosamente analizadas constituyen una rica fuente de información, que podría aportar valiosos datos y elementos de juicio concernientes a la vida de este interesante y poco conocido componente de la avifauna marina.

A tenor de lo anteriormente expuesto, y a nuestro humilde entender, estimamos que no poseemos la absoluta certeza de que el enigmático petrel sea el pájaro de La Bruja, o si, por el contrario, la paternidad de la actuación anómala otorgada a dicho plumífero obedece a un ejecutor diferente, incógnito, que se precisa determinar con exactitud en investigaciones futuras.

IV.- El secuestro de Juan Miguel

Transcurrían los primeros años de la década del cincuenta y Juanito Martínez, su esposa e hijos, que vivían en Mota, decidieron pasar el domingo en casa de su hermano Millo, en la finca Camaroncito, costa suroriental de Cuba, al oeste de la ciudad de Santiago de Cuba y al este de Pilón, a escasa distancia —y al levante— del poblado de Mota. A la sazón, la finca pertenecía al señor Albio Pérez.

En el tiempo en que aconteció el evento, que en breve relataremos, no había otros pobladores en varios kilómetros a la redonda. Pequeños caseríos se localizaban en Naranjo China, Sierra Maestra, y en Goleta y La Peñita, en el litoral.

Camaroncito ocupaba un amplio terreno, dispuesto entre las estribaciones y las azules aguas del Caribe. Un vasto cocal se alineaba paralelo a la orilla del mar. De las verdes y abruptas montañas descendía, serpenteante, un río, que desembocaba en una laguna contigua a la playa.

Por aquella fecha, funcionaba un embarcadero, donde acudían goletas de cabotaje que comunicaban enclaves costeros con las ciudades de Santiago de Cuba y Manzanillo, y con el pueblo de Pilón. El atracadero consistía en una balsa de barriles y tablones, a la que amarraban las naves, durante las faenas de carga y descarga de mercancías.

Desde las postrimerías del periodo colonial español hasta finales de los años cincuenta, en la zona se efectuó una activa extracción minera, por compañías norteamericanas. Así lo atestiguan las cicatrices de los cortes que exhiben algunas lomas, practicadas para extraer, de las entrañas de la tierra, los minerales, las ruinas de instalaciones de concreto (hormigón armado), de un derruido embarcadero, así como de un vetusto cementerio abandonado, contentivo de tumbas, bóvedas y panteones enrejados, construidos con elementos costosos importados, discordantes con la sencillez y simplicidad de la cultura material de los escasos colonos que allí se establecieron *a posteriori*.

El aislado camposanto siempre estuvo envuelto en una atmósfera de misterio. Grandes matas de plátano y de guineo crecían en su interior. Producían enormes racimos que se pudrían, porque nadie, por respeto, los cortaba. Es más, la gente eludía transitar de noche por el desolado y tétrico paraje.

Cuentan que una vez un pescador arrancó de una sepultura uno de los largos balaustres de hierro, con punta lanceolada, de su perimetral verja, con el propósito de utilizarlo como arpón en el mar. Rumbo a la costa, le sobrevinieron unos extraños temblores, escalofríos y fiebre intensa, a tal punto que no conseguía avanzar. Sus compañeros de pesca atribuyeron al acto de profanación la causa del malestar progresivo, por lo que le aconsejaron, enfáticamente, que restituyera, en su sitio, la barra metálica sustraída.

Regresó lento, bamboleante, trémulo y calenturiento. Una vez impostada la barra metálica en su engaste original, cesó, como por encanto, el mal contraído.

Los hermanos Martínez pasaron un placentero día con sus respectivas familias. Durante la despedida, Juanito colocó su fino sombrero en la cabecita de su pequeño Juan Miguel, de apenas tres años. Empero, al momento de montar las bestias para emprender el retorno a Mota, el niño no apareció. Lo llamaron a subidas voces, inútilmente. Registraron acuciosamente la casa y sus alrededores, sin éxito. Se dividieron para peinar las áreas adyacentes, pero nada, caía la noche y Juan Miguel proseguía ausente.

Ante la dura realidad, se acrecentaban la angustia y la desesperación de sus progenitores, quienes enviaron un mensajero a Mota solicitando ayuda. En breve, arribaron parientes y vecinos a caballo. Se reunieron en el batey de la casa de Millo y Blanca, y encendieron faroles, mechones y hachos, separándose en partidas de búsqueda.

Quizás nunca Camaroncito había sido iluminado igual por un improvisado y diligente «enjambre de luciérnagas» que, sin dilación, se desparramó por el territorio; unos a pie y otros montados.

Llevaban horas de intenso e ineficaz rastreo cuando, Danielito Sánchez, hermano de Blanca, que cruzaba con su bestia cerca del cementerio, escuchó un leve quejido que de inmediato atrajo su atención. Se encaminó hacia el punto y alzó al máximo el hacho de cuaba, procurando mayor iluminación.

Una impresionante tumba enrejada comenzó a configurarse ante sus inquietos ojos. No concebía que encima de la fría losa mortuoria yaciera, profundamente dormido, Juan Miguel. Por eso, internamente se preguntaba:

«¿De qué manera el niño caminó, a campo traviesa, sin ser visto, tan dilatada distancia para su corta edad?», «¿de qué modo pudo irrumpir en un sepulcro enrejado, si el valladar de barrotes que lo integran —estrechamente ensamblados— impide el paso a través de ellos?», ¿cómo consiguió, entonces, treparlos, siendo tan altos, y evitar sus hirientes puntas de lanza?», ¿qué le mantuvo tan tranquilo y relajado en un medio tan tenebroso y desolado?».

Su cerebro no hallaba explicación plausible al suceso. Con titánico esfuerzo, se las ingenió para sacarle del misterioso e inconcebible encierro.

Los gritos de júbilo y de alabanza a Dios propagaron la noticia como pólvora encendida:

—¡Juan Miguel apareció!, ¡lo encontró Danielito en el cementerio!

Las antorchas nuevamente se agruparon frente a la casa de los Martínez Sánchez. Los sudorosos y cansados rostros exponían sorpresa y alegría. Cuando el proclamado héroe de la jornada narró los pormenores del insólito hallazgo, la gente no otorgaba crédito al hecho de que el infante durmiera plácidamente sobre una tumba, y que penetrara en ella por su propia cuenta.

Su padre, emocionado, le alzó entre vítores al rescatado y a su rescatador. Por suerte, Juan Miguel lucía intacto, sin el más leve rasguño. Le introdujeron a la vivienda, donde numerosos pares de ojos le contemplaban incrédulos, admirados...

Entre el nutrido grupo de voluntarios asistió un médium, respetado por la comunidad. Este consideró que el evento acaecido tenía un claro origen espiritual y que era menester averiguarlo con premura, para evitar contratiempos futuros. Solicitó una vela blanca y una copa con agua clara. Seguidamente, procedió con rezos y oraciones de invocación.

Una parte del público aguardaba afuera, al descampado; los parientes allegados participaron en la ceremonia. Reinaba un ambiente de expectación general. Los rostros, alumbrados por rutilantes faroles y mechones, intercambiaban interrogantes miradas. De pronto, el médium, con voz afectada, vista enfocada al infinito y, en trance, proclamó:

—Aquí se presenta el espíritu de una mujer que se confiesa autora del secuestro de Juan Miguel, con la intención de atraer la atención, porque falleció en el pasado y arrastra una existencia extracorpórea (desencarnada) errante y en pena, por lo que requiere urgente ayuda de nosotros para trascender. Implora, vehementemente, por una misa de elevación, que la saque definitivamente del estancamiento y atraso que la atan a la Tierra, y así alcanzar la paz y el descanso que no tiene.

Entonces, ordenó que declarara su nombre, como requisito para otorgar la caridad. Precisada la entidad, a través del mediador, hizo la siguiente revelación:

—Yo soy Callejas; morí en tinieblas y necesito luz.

Se trasladaron al antiguo cementerio, directamente a la sepultura en que hallaron enjaulado a Juan Miguel. La iluminaron rodeándola con velas blancas. Mientras el espiritista desarrollaba sus plegarias y oraciones, uno de los presentes advirtió la existencia de letras grabadas a bajorrelieve en la losa funeraria, recubiertas por hojarasca, musgos y manchas heterogéneas, comunes en las zonas húmedas y lóbregas. Nervioso, limpió con sus manos la inscripción. Los concurrentes, apiñados en derredor, se estremecieron cuando leyeron, azorados, el apellido Callejas.

Confirmaron, con sus propios ojos, la veracidad de lo postulado por el médium; que el contacto con la entidad etérea femenina resultó real, indubitable, contundente prueba testimonial de la interacción entre espíritus y encarnados en el mundo físico.

En ocasiones, las ánimas que nos rodean acuden en nuestro auxilio, valiéndose de sutiles o palmarios procedimientos y mensajes; otras veces, son ellas las que solicitan favores, por lo general destinados a solucionar problemas de sus vidas pasadas, que quedaron pendientes —o inconclusos— en un incesante intercambio que se remonta a los albores de la humanidad.

Concluida la misa espiritual, la desesperada entidad ascendió a la luz, según afirmó satisfecho el médium. Vale decir que jamás se suscitó algo similar en la playa de Camaroncito.

Al viejo y solitario cementerio lo devoró la tierra. Desapareció completamente, consecuencia de las corrientes de agua y arrastres aluvionales, provenientes de las torrenteras y del desborde del río local, que afectaron el punto durante el azote del ciclón Flora, en 1963.

Como colofón apuntaremos un dato curioso: el sombrero que Juanito Martínez encasquetó en la cabecita de Juan Miguel la tarde del memorable suceso jamás fue recuperado.

V.- Aventura de Ariel en el cocal de Camaroncito

Ariel salió temprano aquella mañana de 1955, dispuesto a cumplir la tarea encomendada por su padre: recoger unos sacos vacíos de yute, olvidados en el cocal cercano a la playa.

La familia se instaló con anterioridad en la casa de la finca Camaroncito, enclavada en la costa sureste de Cuba. Millo había sido nombrado capataz, por lo que se trasladó al punto con su esposa Blanca y sus hijos, a finales de la década del cuarenta. Allí desempeñaban múltiples labores, como el cultivo de hierbas para obtener sus semillas; recolectar, pelar y empacar millares de cocos para embarcarlos en goletas hacia la ciudad de Santiago de Cuba, así como la atención de los animales de la estancia.

La húmeda hierba empapaba los presurosos pies de Ariel, mientras atravesaba el tramo de terreno que separaba la vivienda del enorme cocal. Cavilaba en lo fácil de la primera actividad del día.

Pero la alegría y la velocidad del inquieto muchacho fueron interrumpidas súbitamente. Frenó de golpe su carrera a través de un angosto sendero, al contemplar, muy próximo a él, que en una mata de coco se encontraba una escalofriante figura humanoide, de baja estatura, color verde-marrón y cabeza rematada en un cono. Quedó paralizado, sin conseguir huir.

La extra normal presencia, de grandes ojos sesgados y rojizos, apoyaba la punta del cono en el esbelto tallo del cocotero, como extrayendo algo que sus infantiles ojos no alcanzaban a ver.

Se mostraba impertérrita, como ignorando su irrupción en la soledad del paraje. Sin moverse, ni emitir sonido, comenzó a ejercer un absoluto control en su mente y a proferirle claras y categóricas advertencias dentro de su asustada cabeza.

«No puedes decirle a nadie de nuestro encuentro. Regresa con los tuyos y no cuentes nada. Si cumples lo acordado no te haré daño».

Aquellas órdenes prohibitivas calaron hondo en el cerebro de Ariel. Por eso, sin pronunciar palabras, y utilizando el mismo sistema de comunicación telepática, le aseguró al insospechado visitante que no revelaría lo sucedido, ni siquiera a sus progenitores. Que lo prometía solemnemente. Entonces, como por encanto, cesó el aplastante dominio sobre su voluntad. Su paralizado cuerpo adquirió, de nuevo, movimiento, por lo que, apartando la mirada del extraño hombrecito cabeza de cono, corrió vertiginosamente hacia la vivienda.

Ariel cumplió cabalmente con su palabra. Ocultó, como tumba cerrada, la singular aventura vivida en el cocal. Tuvieron que desfilar seis decenios para que confesara el extraordinario acontecimiento. Asegura que por largos años experimentó un misterioso dominio externo sobre su mente.

Solo ahora se siente liberado del yugo y considera finiquitado lo pactado, sin temor a represalias. Quedamos atónitos, sorprendidos, con aquella insospechada revelación de Ariel, quien considera, firmemente, que dicho ser provenía del espacio cósmico.

La costa suroriental de Cuba, donde aconteció el episodio brevemente descrito, ha sido escenario de numerosas vivencias paranormales. El supuesto contacto alienígena expuesto por Ariel Martínez resulta, sin duda, uno de los más interesantes entre los acaecidos en el área.

Hasta donde alcanzamos a averiguar, pudiera tratarse del primer reporte de un encuentro cercano, de tercer tipo, cara a cara, entre una criatura humana y una extraterrestre, en la porción sureste del país. De ser así, pensamos que en este contacto no debió llevarse a cabo una abducción (secuestro del terrícola), pero sí un acto de control y monitoreo mentales (telepático) sobre la persona, de larga duración.

VI.- El fenómeno del arenal

Aquella calurosa tarde, Blanca esperó a Millo en la casa de sus cuñados Juanito y Angelita, en el poblado de Mota, para regresar a su estancia, ubicada en Río Chiquito, en la costa suroriental de Cuba. Avanzaba la década del cuarenta y el ocaso del día se avecinaba, cuando llegó por fin el momento de partir. Pero la bestia, tan sobrecargada, no concedió espacio para otro cabalgante, por lo que la fiel compañera debió conformarse con caminar a su lado.

Charlaban animadamente, cuando superaron una curva del polvoriento sendero y desembocaron frente a un arenal yermo, desolado. Ya la noche había extendido su manto negro. De repente, el caballo se detuvo en seco, negándose, rotundamente, a continuar.

Millo recibió un golpe de aire helado en su pecho; en tanto el cuadrúpedo clavó su vista en un punto del arenal. Entonces observó, asombrado, que, en efecto, sobre la arena reposaba, silente, un extraño e imponente animal, ajeno a la fauna insular conocida. Sus dimensiones, como las de un torete, color rojo sangre, con abundantísimos lunares blancos, cual leche. La cabeza, voluminosa, sin cuernos, exhibía una expresión aterradora. Luengas orejas caían laterales. Sus ojos, ovalados oblicuos, desproporcionadamente grandes y brillantes como fuego.

A viva espuela, consiguió que su bestia reanudara la marcha. Creía que su cónyuge permanecía ignorante de la espeluznante presencia; empero, apenas rebasados unos metros, ella indagó:

—¿No viste un fenómeno en el centro del arenal?

El, perturbado, devolvió la interrogación:

—¿Te percataste de ello?

—Clarísimo, y quiero que sepas que no se trata de un ser de este mundo, puedo asegurarlo como que vamos por este camino.

Guiados por el instinto, apresuraron el paso hasta alcanzar, minutos después, la anhelada vivienda.

En la alborada del siguiente día, con la hierba impregnada de rocío, Millo partía a su labor. En la despedida, Blanca aconsejó prudencia y ojo avizor frente a la explanada arenosa. Pero cuando este tocó el punto, constató que la aparición no estaba.

Antes del mediodía, Blanca no resistió la curiosidad tentadora; se trasladó diligente al sitio de encuentro de la noche anterior. Revisó, minuciosamente, la superficie del área en que se hallaba echada previamente la extra normal figura, pero no advirtió la más mínima huella, como si nada material hubiere concurrido allí. La ausencia total de trazas reveladoras robusteció su criterio de que el supuesto animal, horas antes avistado, no constituía un ser tangible, terrenal, sino una entidad espiritual, tal vez demoníaca, proveniente de otro plano o dimensión, que se mostró, a sus humanos ojos, por unos instantes, para legar un testimonio de su intrusión en el reino de los vivos.

VII.- Pancho, «el hombre de los gusanos»

Por el año de 1959, Francisco Núñez, apodado Pancho, se instaló con su mujer e hijos en la comarca conocida por El Macío de la costa suroriental de Cuba. Pronto consiguió trabajo en la granja Luciano Tamayo de la localidad de El Macho.

Pancho conoció por un pariente que la finca de Millo se hallaba invadida por una espantosa plaga de gusanos que arruinaban, por completo, la cosecha. Dispuesto a servir, se presentó en la casa del afectado, donde conversaron y tomó una taza de café. Millo le comentó que aquello se extendía por toda la propiedad. Los invasores se contaban por millares y eran de todos los colores. Pancho, que escuchaba callado, atento a las explicaciones del anfitrión, se despidió sin dirigirse siquiera al campo, lo que no agradó a Millo, pues lo valoró como una falta de interés ante una situación realmente alarmante.

El visitante se encaminó entonces hasta la carretera que bordea la costa (dispuesta frente a la vivienda) y allí se detuvo brevemente. Desde el portal Millo observó como el sujeto alzaba sus brazos y pronunciaba una silenciosa oración, que produjo una burlesca mueca, a modo de sonrisa, en el espectador, al considerarlo como una tonta acción y una pérdida de tiempo.

A la mañana siguiente, el bullicio de los chicos atrajo a los adultos de la casa hacia el exterior. Los gusanos huían precipitadamente de la vega y cruzaban la carretera rumbo al monte. Se podían recoger con palas, unos vivos y otros muertos.

Empezando por el hasta ese instante incrédulo Millo, los presentes estaban pasmados, desconcertados, ante un éxodo tan multitudinario como inexplicable y a la puesta del sol la finca fue declarada sana y limpia. De los indeseados inquilinos no quedaba nada.

Pancho cimentaba su reputación como sanador día a día. Cada vez que se detectaba una plaga, ahí iba él y la exterminaba, solo con el poder de la oración, sin penetrar en el campo afectado. ¿De dónde salió esa gracia? No lo sabemos, mas lo cierto es que en el mundo hay personas como él, dotadas de un poder especial de sanación, acaso seleccionadas o tocadas por el Espíritu Santo, para socorrer y curar enfermos y menesterosos de la comunidad.

En cierta ocasión, Millo confrontó otro problema en su estancia. Una de las bestias se cundió de gusanos en una de sus patas. Visitó a Pancho, solicitándole auxilio. Este, sentado e inmutable, preguntó el sexo del animal, el color y la edad, prometiendo que luego iría por su casa.

Cuando Millo regresó a su propiedad, se topó, sorprendido, con que ya los barrenadores de carne abandonaban la víctima, la que unos minutos más tarde lucía su extremidad completamente sana.

Por esas y otras acciones, todavía se recuerda con respeto y gratitud en la zona que habitó, a Pancho, «el hombre de los gusanos».

VIII.- Espanto en el pesquero La Piedrota

Mariblanca tenía entre nueve y diez años y residía con sus padres y hermanos en la finca El Salvial, costa suroriental cubana, perteneciente a la actual provincia de Granma.

Había concertado con su primo hermano Abel (de la misma edad) para al siguiente día partir de pesquería a una piedra, bastante amplia, que, a manera de minúsculo islote, afloraba del fondo del mar en la propia ensenada de El Salvial, frente a la Loma del Papayo.

Cuando la marea bajaba, se llegaba a ella caminando sin dificultad; pero era menester aprovechar ese lapso para pescar, pues luego, cuando la mar recuperaba el territorio abandonado por unas seis horas, subía su nivel y ya era imposible arribar al punto a pie.

Henchida de entusiasmo, la noche anterior, a la luz mortecina de un mechón de querosene, capturó una apreciable cantidad de maqueyes (especie de cangrejo ermitaño terrestre) para utilizar su porción carnosa como excelente carnada.

Llegó la hora convenida y Abel no aparecía. Demoró algo la partida, imaginando que el olvidadizo primo aún dormía, o que desempeñaba tareas de último momento. Una vez más, atisbó el sendero que conducía a la casa de Abel, pero se ofrecía limpio, desolado. Entonces echó a andar confiada hacia el anhelado objetivo, con la certeza de que él se incorporaría más tarde.

Cruzó sin dificultad el tramo de mar —casi seco— que separaba la playuela del solitario promontorio. Su superficie era algo inclinada, conformada por millares de fragmentos del propio sitio, que el mar, el viento, la lluvia y el sol, desmenuzaban lenta, pero inexorablemente, en el transcurso del tiempo, por lo que transitar por encima de la roca resultaba lento y ruidoso, debido al peculiar sonido inconfundible producido al pisar sobre piedra quebradiza.

Muy distraída estaba Mariblanca, aguardando la picada, cuando oyó con alegría unos pasos, supuestamente de Abel, que se avecinaban. Empero, atenta al cordel y segura de que solo ellos ejecutaban esa actividad allí, no miró atrás; el caminante se detuvo justo a su espalda y sintió esa sensación tan intrínseca que genera la inmediatez de las personas.

—¿Ahora es que tú vienes, Abel?

Transcurrieron unos segundos sin respuestas.

Entonces, enfadada, tornó la mirada hacia atrás; para su asombro, no había nadie alrededor. Un escalofrío profundo caló su piel. Advirtió, con claridad meridiana, las fuertes pisadas aproximarse a ella y experimentó la activación natural e involuntaria de sus alarmas extrasensoriales cuando se percató de que no era precisamente Abel quien se detuvo a su espalda.

A pesar de ser una niña, de no disponer de ningún tipo de información —o formación— de carácter espiritual, algo le decía que aquello resultó anormal, ininteligible, inexplicable, por lo que decidió huir, salvar la distancia que la separaba de la firme línea costera, y ubicarse a buen recaudo, junto a los suyos.

De la experiencia vivida una cosa quedó sumamente nítida para Mariblanca: esa mañana fue visitada en La Piedrota. Una presencia invisible se trasladó allí tras ella y se detuvo a su lado. Por eso, jamás acudió a ese pesquero, ni sola, ni acompañada.

IX.- La piedra salvadora

El día amaneció gris, encapotado, y a papá se le ocurrió ir de pesca esa mañana de verano de 1959, a la histórica y pintoresca playa de Daiquiri, situada a unos veintiséis kilómetros al este de la bahía de Santiago de Cuba, entre la rada de Damajayabo y la punta de Verracos, costa suroriental de Cuba.

Daiquiri —que dio nombre al famoso trago homónimo— constituía uno de los embarcaderos e instalaciones de las minas de hierro que operaba, desde finales del siglo XIX, la compañía norteamericana Juraguá Iron Co. Se reconoce también como memorable escenario de la guerra hispano-cubano-americana, en 1898. Allí se efectuó, entre el 22 y el 28 de junio de dicho año, el desembarco (junto con otro en la vecina playa de Siboney) de las tropas expedicionarias estadounidenses —auxiliadas por las cubanas— incluyendo la caballería, en una extensa operación que culminó con el asedio y rendición de la plaza de Santiago de Cuba y la destrucción de la escuadra española del contralmirante Pascual Cervera por la flota del almirante William Sampson.

Cuando arribamos al punto, papá decidió desarrollar la pesca al cordel en las elevadas múcaras (calizas cuaternarias) que cierran la margen oriental de la playa. Para alcanzar el objetivo, era preciso ascender desde la orilla del mar y andar por la cima del «diente de perro». En un sector, el estrecho e irregular trillo —pleno de obstáculos naturales— se pegaba tanto al borde del alto y aterrador acantilado que provocaba vértigo. Había que medir con precisión los pasos, pues podías perder el equilibrio y despeñarte fatalmente por el precipicio, que culminaba en voluminosas rocas, lamidas por las olas del mar, donde tendrías muy escasas posibilidades de sobrevivir.

Avanzábamos lentamente. Papá, a la vanguardia, abriendo paso; a continuación, nosotros, de solo siete años, y mamá a la retaguardia. No sabemos cómo, ni por qué, resbalamos y caímos al vacío. Inexplicablemente, nos vimos colgando, asido a una pequeña piedra, algo cilíndrica, que, en solitario, comparecía encajada en la capa arcillosa de esa porción del talud.

Todo cambió en un instante: ahora pendíamos en el abismo; vivir o morir era cuestión de segundos.

Sin pensarlo dos veces, papá se arrojó al suelo y estiró al máximo su cuerpo, inclinado en el borde; en tanto mamá, trémula y nerviosa, le sujetaba por los pies. Tan rápido como un relámpago, nos agarró con firmeza por las muñecas, y, tras ciclópeo esfuerzo, nos alzó. De vuelta al angosto trillo, nos fundimos en un apretado abrazo, sollozantes y sudorosos. «¡Gracias, Dios mío!», proclamamos al unísono, exclamación espontánea, brotada del alma. Nacimos otra vez…

Cuando desde arriba contemplamos la ligera y solitaria piedra incrustada, no concrecionada, en una matriz terrosa, parecía realmente inconcebible que hubiere soportado, inmutable, el peso de caída y su subsiguiente bamboleo.

Al instante del desplome vertiginoso resultó raro, *in extremis*, pero significativamente conveniente, el atinado y preciso aferramiento al único elemento saliente en tan largo talud vertical, y que este, curiosamente, se hallara, además, cerca del borde del acantilado, justo al alcance de manos rescatadoras…

Tantas «coincidencias» favorables nos conducen a pensar que Dios estuvo allí, ese día, impidiendo que sucumbiéramos, por medio de aquella providencial piedra, destinada a nuestra salvación.

X.- Ataque paranormal en Los Ñames

Los pescadores de Santiago de Cuba denominaban al lugar de esa manera, debido a dos pilares o soportes de concreto, de un antiguo embarcadero de mineral de hierro y manganeso, que funcionó ahí durante los finales del período colonial español y las primeras décadas de la etapa republicana.

Mediante locomotoras a vapor, el mineral era acarreado desde la mina de El Cuero, enclavada a unos cinco kilómetros al oeste, en las estribaciones costeras de la Sierra Maestra. Los vagones cargados partían desde la zona de extracción (donde existía un poblado con su cementerio, a la vera del arroyo Avilés) y discurrían por las vías férreas, dispuestas paralelas a la costa, a través del corredor natural que separa las estribaciones de dicha cordillera de la orilla del mar.

El citado embarcadero (o «cantilibre», como le nombraban también) caía hacia el mar, muy próximo a la playa de Nima-Nima (situada al oeste). Conformaba una canal metálica, de gran tamaño, en la que vertían los vagones repletos de material ferroso, que rodaba directamente a la bodega de los barcos que lo transportaban a su destino, según determinara la compañía norteamericana que efectuaba la explotación minera. En la costa suroriental se destacaban tres: la Spanish-American Iron Co., la Sigua Iron Co. Y la Juraguá Iron Co., que disponían de amplias instalaciones en la región.

Esta actividad prosiguió, con sus altibajos, hasta la culminación de la Segunda Guerra Mundial, en que cesó casi por completo.

Transcurrieron años de abandono y de desmantelamiento gradual por los chatarreros de Santiago de Cuba, y de aquella canal suministradora solo quedaban las sólidas bases de concreto (hormigón armado) de estructura piramidal, bautizadas popularmente como «Los Ñames». Según observamos con nuestro hermano Gabriel en numerosas pesquerías submarinas en el área, un segmento de ella cayó al fondo del mar, donde yacía pletórica de corales, algas y fauna asociada.

A «Los Ñames» lo visitaban algunos miembros de la familia, como también Oberto (primo del tío Bebito) y Frank, compañeros de pesca inseparables. A estos últimos corresponde el siguiente breve relato.

Desde el atardecer tomaron posesión del punto. La noche se mostró oscura y en calma, solo perturbaba el silencio el embate de las olas contra el acantilado. Los peces no picaban y al filo de las nueve habían izado algunas «guacharitas» (especímenes de pequeño tamaño). Pero la quietud imperante se rompió bruscamente por gritos de pavor y una luz amarillenta que avanzaba zigzagueante, en dirección al pesquero.

La gente, alarmada, suspendió de inmediato la faena, empuñando faroles, cuchillos y machetes, ante la incertidumbre de lo que se aproximaba. Pronto, identificaron las voces de Oberto y de Frank, según corroboraron en breve al arribar estos sudorosos, jadeantes, rasguñados y visiblemente asustados; apenas conseguían proferir palabras.

—¡Era gigantesca! —dijo Oberto, que exhibía raspones en la piel, ocasionados por los «dientes de perro» del mucaral.

—¡Se nos vino encima! —agregó Frank.

—¿De qué rayos hablan? ¿Qué sucedió? —inquirió Bebito alterado.

—Nos atacó una araña monstruosa, negra, peluda y con descomunales garfios amenazantes. ¡Demoníaco aquello! —detalló

Oberto, secándose el sudor que caía copiosamente en los gruesos cristales de sus espejuelos de miope.

—¡Qué tanto aspaviento por una tarántula! ¿Por qué no la aplastaron con el pie? —ripostó Bebito por aquel desproporcionado temor ante un simple arácnido tropical. Frank y Oberto cruzaron miradas casi insultantes.

—¿Cómo vamos a aplastar a una araña del tamaño de un ternero, Bebito? —respondió Oberto agregando—. ¡Gracias a Dios que escapamos de ese fenómeno anómalo.

Hasta la muerte, sostuvieron la veracidad del suceso extranormal. Se distinguieron por ser hombres de palabra, por su honestidad, por ser abstemios, sanos y deportistas; frisaban ya los sesenta y cinco años. Oberto era experimentado tipógrafo, Frank trabajó como empleado en tiendas de ropa y peleterías de Santiago de Cuba.

El resto de los presentes no observó a la presunta araña gigante, pero sí atestiguaron el escándalo, la impetuosa huida, el nerviosismo y terror en las caras de sus amigos.

Jamás volvieron a pescar en «Los Ñames», a pesar de constituir uno de sus lugares predilectos. Años más tarde, en la playa adyacente a la casa de Clara y Mingo, Frank cayó embestido por una inmensa y sorpresiva ola que lo mató instantáneamente, al golpearle en la cabeza. Oberto, ya bastante viejo, se lanzó al mar intentando auxiliarle, pero sin lentes, se convertía en ciego. Empezó a ahogarse. Afortunadamente, Mingo lo enlazó y extrajo salvo; luego sacó el cadáver del pobre Frank. Oberto, destruido por la pérdida del fraternal colega, se retiró de la pesca para siempre.

Finalmente nos preguntamos:

¿Fueron víctimas de la agresión paranormal de un ser demoniaco, transfigurado en araña gigante, o de alguna entidad sombría, mal definida o erróneamente identificada, producto del tremendo susto experimentado? ¿Un encuentro inesperado con un críptico o con una energía Inter dimensional?

¿Qué opina usted, amable lector?

XI.- «Me castigaron los indios»

En el año de 1959, papá nos llevó a pescar a la playa de Damajayabo, situada a veinticinco kilómetros al este de la ciudad de Santiago de Cuba, entre las vecinas radas de Daiquirí y Jaraguá (Lámina III).

*Lámina III. Playa de Damajayabo.
Foto: Felipe Martínez Arango.*

El grupito lo integrábamos nuestros progenitores, Gabriel, la perra Susi y quien escribe. Permanecimos en el improvisado campamento con mamá, pues los restantes se encaminaron rápidamente al acantilado para iniciar la pesca al cordel.

Como niño de siete años, pronto buscamos jugar. Mamá había prohibido sabiamente acercarnos a la orilla del profundo y peligroso mar. Caminamos a un pedregal, dispuesto a escasos metros del litoral y empezamos a acumular, en línea, rocas mayores, sobre las que encaramamos otras más chicas. Así, en nuestra mente infantil, confeccionamos «naves» y «castillos», que emprenderían un «encarnizado combate», mediante un «bombardeo». Los proyectiles no eran otros que las abundantísimas piedras de «chinas pelonas» del entorno. «Torres» caían, «barcos» se hundían, ante los impactos certeros de los «cañones», hasta que, a consecuencia del rebote, uno de los cantos rodados fue a parar directamente a nuestra frente, justo donde empieza a crecer el cabello.

Nos desplomamos en la arena aturdido, desorientado, manando copiosa sangre que corría por el rostro. A continuación, experimentamos una nítida e insospechada visión: la presencia de numerosos indios en derredor, algunos con elegantes tocados y collares, gesticulaban regañándonos, indicándonos algo que no lográbamos entender. Pronto, los anacrónicos personajes se fueron transparentando, debilitándose hasta desaparecer por completo, mientras retornábamos a la realidad. Entonces, gritamos a mamá, quien acudió sobresaltada y veloz al punto, vociferando, a su vez, a los ausentes. En pocos minutos, la lesionada frente estaba vendada. Los pescadores arribaron visiblemente angustiados, preguntando:

—¿Qué ocurrió?

—Nada —respondimos—, que jugaba a la guerra y una de las piedras rebotó y me rajó la cabeza —sentenciamos, elevando las manos al paño ensangrentado, por una hemorragia que, poco a poco, iba trancándose.

—La culpa fue mía —enfatizamos— por utilizar sus cosas; me castigaron los indios.

—¿De qué indios hablas? —indagó papá, peinando con la mirada alrededor.

—De los muchos que vivían aquí; las rocas eran parte de sus recursos —respondimos.

Los tres intercambiaron dubitativas miradas. Papá, observando la frente una vez más, dijo:

—Ya estás mejor; paró el sangrado, quédate tranquilo, no bajes la cabeza ¡y deja de tirar piedras!

Habló al oído a mamá y tomó, junto a Gabriel, el sendero hacia el pesquero.

Aunque pensaron que nuestras palabras resultaron incongruentes, lejanas de la realidad, seguramente consecuencia del tremendo impacto recibido, lo cierto es que postulamos una sólida verdad. En efecto, como niño de tan solo siete años, desconocíamos, totalmente, que entre 1952 y 1953, la Sección de Arqueología Aborigen de la Universidad de Oriente, dirigida por el doctor Felipe Martínez Arango, descubrió y excavó en Damajayabo un extraordinario sitio arqueológico; que la investigación de campo sustanció, a través de excavaciones estratigráficas, rigurosamente controladas, la presencia prehispánica de dos culturas aborígenes, antiguamente asentadas en el área: la preagroalfarera (ciboney) y la agricultora-ceramista (subtaína) bien distanciadas cronológicamente, como demostraron los fechados radiocarbónicos.

El nivel de ocupación inicial (el precerámico) arrojó una edad de 3,250 +- 100 antes del presente. El asentamiento posterior (agroalfarero) correspondió al 1120 +- 160 años después de Cristo, según los análisis del carbono 14 (C-14) obtenidos por el Prof. Dr. Martínez Arango, en la prestigiosa Universidad de Yale, Estados Unidos. Mucho menos concebíamos que allí se había realizado el primer estudio científico de una superposición cultural, fechada por C-14 en Cuba (Martínez Arango, l968)

Imposible sospechar que a Damajayabo —por su interés global— lo considerarían sitio piloto para el Caribe, y que el cuantioso material antropogénico exhumado constituía uno de los más valiosos y representativos exponentes del museo universitario; que la exégesis del yacimiento generaría la publicación (en 1968) del fundamental libro *Superposición cultural en Damajayabo*, del doctor Felipe Martínez Arango; de artículos, ponencias (nacionales e internacionales) y que sería citado por diversos investigadores del patio y foráneos, por distintas generaciones.

Presumimos que, a consecuencia del recio golpe de aquel día, sufrimos un repentino estado de alteración de conciencia, el cual pudo elevar, momentáneamente, nuestro nivel de percepción extrasensorial, y permitirnos captar nítidas y sostenidas imágenes, verdaderamente fuera de época, de los pobladores aborígenes asentados en Damajayabo, en fecha muy anterior a la llegada de Colón, como demostró ampliamente la arqueología.

XII.- El barco fantasma

Aquella calurosa tarde de verano de 1972, Gabriel Navarrete cruzó el canal en bote, remando hacia la cooperativa pesquera, ubicada frente a Cayo Damas. Casi a diario, al atardecer, cuando los trabajadores se marchaban, salvaba el tramo de mar —de poco más de cien metros— para charlar un rato con los pescadores y, a eso de las nueve de la noche, se retiraba envuelto en la soledad al cayuelo.

Ostentaba la plaza de fotógrafo submarino (por entonces se contaban con los dedos de una mano las personas que desempeñaban esa peligrosa profesión en Cuba) pero en verdad ejercía, además, la fotografía naturalista en general y la caza de aves, mamíferos y saurios, para la Facultad de Biología de la Universidad de Oriente, amén de la recolección de moluscos y corales marinos. Creó la mayor colección de diapositivas de Ciencias Naturales para dicha Universidad en su época y, posiblemente, entre las más grandes del país.

Al atracar en el pequeño muelle de madera de la cooperativa, vio a Nelson, patrón de barco, sentado en el exterior del local, que fungía como almacén frigorífico, de albergue y punto de reunión de los tripulantes.

Gabriel es un apasionado investigador de lo paranormal. Entrevistar pacientemente a lugareños para obtener valiosas informaciones sobre el tema ha sido una de sus inquietudes principales. Por ello, tras intercambiar saludos con Nelson, entablaron conversación, incluyente de plurales tópicos. Fue así como inquirió al patrón, si había experimentado alguna vivencia rara, extra normal, en el océano, que lo impresionara hondamente y que la relatara lo más exacto posible.

Vale aclarar que Nelson era un marino conocedor de su oficio, valiente y veraz, curtido al sol y al salitre, capaz de sortear marejadas y tormentas en dilatadas singladuras, conduciendo su pequeña unidad pesquera felizmente a puerto seguro.

Nelson frunció el ceño y permaneció un instante pensativo, meditando su respuesta. Entonces dijo:

—He tenido numerosas vivencias en el mar, pero la que más me ha impactado ocurrió en una tormentosa noche, bajo torrencial aguacero y brutal marejada. El barco se zarandeaba como cáscara de nuez. Descendía en una interminable onda, en la que parecía sucumbir, y luego, milagrosamente, afloraba en la cima de otra cresta y volvía a reproducirse una y otra vez, en un sinfín desesperante. —Tras breve descanso, prosiguió—: Todos en cubierta, con los chalecos salvavidas puestos, empapados, agarrados a la borda, alertas, expectantes, angustiados, sumamente tensos. —Tragó en seco y continuó—: Entre el estruendo de las olas, que implacables embestían con inusitada furia y las atronadoras descargas eléctricas, avistamos, a proa, un navío de buen porte, que se acercaba velozmente. *A priori*, no concedimos importancia al asunto, porque disponíamos de las luces identificadoras de reglamento, pero el aparecido no variaba su derrotero. —Bebió un sorbo de café carretero y retomó la narración—: Por los relámpagos apreciamos que se trataba de un barco de superiores dimensiones al nuestro, propulsado por velas, de varios mástiles, iluminado tenuemente con amarillentas luces en el puente de mando. Alcé la mirada en dirección a la costa y determiné que nos situábamos al sur del paso de La Bruja. Aferrado al timón, torcí ligeramente el derrotero al noroeste, en vano.

—¿Y cómo era el buque? —indagó Gabriel, tremendamente motivado.

—Su aspecto antiguo, como de los mil ochocientos, de madera y relucientes velas blancas. El palo mayor, enorme —afirmó el patrón con un brillo especial en los ojos y el rostro inocultablemente emocionado. Respiró profundamente y prosiguió—: Ahora se sumaba otra preocupación: el misterioso velero se nos echaba encima. Mis subordinados gritaban desesperados ante una inminente y desastrosa colisión. A pesar de todo empeño por evitarlo, era inesquivable el encontronazo; vociferábamos como locos. Algunos cerraron los ojos para no ver su propio fin. Los corazones parecían reventar los pechos, los músculos contraídos al máximo, las manos apretaban las bordas, los pies pretendían clavarse en cubierta. Tras agónica espera, nada. La imponente embarcación desapareció, se esfumó sin dejar rastro.

Nelson lucía inquieto, notablemente alterado. Conocía que su espontánea revelación resultaba comprometedora, por ser militante del Partido Comunista de Cuba. Si algún correligionario le escuchaba y delataba, podría ser sancionado por «debilidad ideológica» y por desarrollar una labor de «propaganda oscurantista antimarxista-leninista». Corría riesgo de que le expulsaran del partido y de su puesto de trabajo.

Gabriel, que lo escuchaba embelesado, interrumpió la pausa:

—Lo que me cuentas es verdaderamente impresionante. Te creo, porque te conozco, amigo.

Nelson lo miró fijamente, se incorporó del desgastado taburete y partió al interior del poco ventilado y maloliente local. Llamó a los tripulantes (un maquinista y tres pescadores) quienes acudieron prestos y confirmaron, sin titubeos, la declaración de su capitán. Seguidamente, agregó:

—Que mis hombres me desmientan si falto a la verdad al decirte que en otra ocasión en que navegábamos, volvimos a toparnos con el barco fantasma, durante una noche tranquila. Cruzábamos frente al litoral, curiosamente otra vez a la altura de La Bruja, con rumbo oeste. De repente, divisamos una nave a proa. Al inicio nos sentíamos confiados y calmados, porque poseíamos las luces de ordenanza activadas, pero ellos no cambiaron la trayectoria. Encendimos una lámpara extra y la situamos en proa, para destacar nuestra posición, inútilmente. Se nos venía encima rápidamente. Azorados, constatamos que se trataba del mismo anticuado buque de velas de configuración ochocentista, que encaramos previamente. Su sobresaliente palo mayor, su inmenso velamen, inconfundibles. Nos preguntábamos incesantemente ¿qué barco podría ser este?

El interlocutor observaba detenidamente la cara de cada uno de los tripulantes. Estos asentían y agregaban datos y detalles del suceso, a veces al unísono, seguros, firmes, categóricos.

Luego Nelson refirió:

—Cuando casi chocábamos y uno de los muchachos con el farol alzado ejecutaba señales para evitar el impacto demoledor, el agresivo intruso inesperadamente se desintegró, evaporándose ante cinco testigos oculares. —Entonces concluyó—. Gabriel, lo que te narramos hoy es algo tan real, tan incomprensiblemente cierto, que forma parte indisoluble de nuestras vidas, recurrente hasta que nos devore la madre Tierra. Por si te apetece continuar investigando al respecto, te diré que no somos los únicos en sufrir esa espantosa aparición. Otros patrones y marineros han vivido la misma aterradora experiencia; es un evento sobrenatural, inexplicable, conocido en los mares de la costa suroriental de Cuba, absolutamente verídico.

Gabriel retornó al cayuelo acompañado por la soledad y por una multitud de pensamientos. Había rescatado, de la pérdida y del olvido, a un extraordinario episodio paranormal, de carácter colectivo, al cual otorgaba credibilidad total, dado su conocimiento personal de las víctimas, quienes efectuaron la confesión libremente, sin presiones, a su cuenta y riesgo.

¿Será que en los mares cubanos existe una especie de fenómeno análogo al del Holandés Errante? ¿O que el legendario barco fantasma también vaga por las aguas del Caribe? Interesante tema para investigaciones futuras.

XIII.- Intento de fuga en 1967

Nos reunimos en el parqueo de la casa de Beto y Yingue. Los detalles habían sido planeados minuciosamente. Tras la despedida, partimos rumbo a Playa Larga, costa de Santiago de Cuba, para trasladar, a la orilla del mar una pequeña embarcación de tres secciones que se ensamblaban por medio de tornillos pasantes con tuercas. La construyó papá en la casa de Cuabitas, con gran esfuerzo físico, mental y económico, como siempre, a escondidas de los chivatos de barrio y de la policía política.

Los compartimentos eran de madera de *plywood*, con fondo semiplano, atornillados, calafateados, finiquitando la popa recta y la proa en ligero ángulo, para facilitar el avance y el rompimiento de las olas. En teoría, debía sostener a un motor fuera de borda y mantenerse a flote cada sección con una persona a bordo. Esto se intentó verificar en la bañera de la propia vivienda. Recordamos a papá encaramado sobre cada una de ellas, como equilibrista. Pero esta indagación no resultó del todo válida, ya que las piezas tocaban el fondo de la poceta por su escasa profundidad.

A toda la longitud de las bordas le confeccionó y acopló un flotador neumático. Para ello, cortó cámaras de camión y las selló por los extremos vulcanizándolas. Se hinchaban frecuentemente, para cerciorarnos de que no tuvieran poros ni pinchazos. Este refuerzo de flotabilidad se fijaba a la peculiar estructura por medio de sogas de algodón de ½ pulgada. El diseño, en apariencia, se mostraba fuerte y supuestamente operativo, aunque faltaba probarlo en el mar.

Disponíamos de un motor Johnson, fuera de borda, en excelentes condiciones, que encendía al sogazo, cuidado por nuestro hermano

Gabriel con esmero, como valiosa joya, mejor dicho, como pasaporte a la libertad, que es el don más preciado del hombre. También contábamos con sólidos remos, fabricados por papá.

Cuando salimos de Cuabitas, temprano en la tarde, en el carro de Beto, la carga fue previamente inventariada para que no faltara nada. El día claro, el tiempo estable. Así se mantuvo al arribar a Playa Larga.

El periplo se desarrolló sin novedad, salvo que Gabriel bajó el nivel de los remos, pues sobresalían por la ventanilla del automóvil y corríamos riesgo de ser detenidos por la policía si advertían su presencia. Así, desgraciadamente, se vivía en Cuba.

Frente al punto de escape, previamente escogido, bajamos el comprometedor cargamento (por esos tiempos, la condena por intento de escape clandestino fluctuaba entre 3 y 10 años de prisión; ocho cumplió nuestro padre por ello) hasta quedar el vehículo completamente vacío.

La playa es de gran extensión, con fondos arenosos llanos, hasta poco más de un centenar de metros de la orilla. Nos ocultamos en el monte costero. Aguardamos por el paso del tiempo, armando, sigilosamente, el artefacto que nos conduciría a la base naval norteamericana de Guantánamo.

Pasando lista a cada detalle, descubrimos que los remos no comparecían, suceso inconcebible, toda vez que nos constaba que los mismos venían en el carro. Para colmo del misterio, uno de los flotadores laterales se desinfló ruidosamente, escapando el valioso elemento de flotabilidad. Nos miramos preocupados. Sin remos y con un neumático inutilizado las cosas serían diferentes; por lo que Beto y Yingue partieron rápidamente a Cuabitas a buscarlos.

Al caer la noche, asimos la atípica embarcación entre los tres (Gabriel, Iván y quien escribe) encaminándonos lentamente a la orilla del mar, tras confirmar la ausencia de guardafronteras en el escenario.

Resultó titánico el esfuerzo, porque Iván y nosotros éramos adolescentes, es decir, el bote y su carga lo acarreamos entre un hombre y dos muchachos, aunque Gabriel advirtió la inexplicable presencia de un individuo «extra» ayudándonos, al que solo consiguió distinguir sus extremidades inferiores, dado la total oscuridad imperante; el etéreo personaje nos auxilió hasta la misma orilla del mar, y, entonces, desapareció. (¿Un ángel guardián? ¿Un espíritu protector?). Quizás nunca lo sabremos.

Tropezamos con el agua al filo del desmayo, por agotamiento. La mar lucía negra, como tinta. Nos adentramos unos metros y lo depositamos con cuidado. Al carecer de remos, debíamos arrancar el motor allí mismo, acción peligrosa por la cercanía de la carretera costera y el sonido del equipo podría delatar el éxodo.

Con el agua por la cintura, Gabriel dio la orden de abordaje. El motor funcionó, pero quedaba muy alto en el espejo de popa y ya había entrado por la borda mucha agua. Los bastimentos flotaban unos y se hundían otros. En breve, el proyecto de bote naufragó con nosotros hasta tocar fondo. ¡Cuánto sacrificio, cuántas horas de trabajo y desvelo, de sueños y esperanzas sucumbieron en un instante!

En esos angustiosos momentos acudió a nuestra mente, como un relámpago, el triste recuerdo de la familia Clavijo, dos jóvenes músicos que perdieron la vida tratando de salvar a su madre obesa, cuando la sobrecargada embarcación en que escapaban se hundió en lo profundo, tragándose a los tres, enlazados en un abrazo final, con el que sus ojos quedaron privados de la luz, como también la imagen del amigo Damián, despedazado por una mina implantada en el lado cubano, cuando intentaba alcanzar la perimetral cerca de la base naval de Guantánamo. Y es que por ese agitado mar consiguieron fugarse hacia la libertad muchos cubanos desesperados, pero también sus aguas se convirtieron en el cementerio devorador de otros menos afortunados.

Gracias a Dios, dábamos pie en el punto de naufragio; entonces, con ciclópeo esfuerzo, reflotamos el malogrado artefacto y lo empujamos a la playa. Beto y Yingue nos auxiliaron en el crucial propósito, a su regreso de Cuabitas con los remos, misteriosamente extraviados. ¿Cómo pudieron quedar en el parqueo de Beto si estamos conscientes de que nuestro hermano los solapó bien en el carro para que no los vieran desde el exterior? Todavía, a la friolera de más de cinco décadas, no hallamos una explicación racional al suceso.

Ocultamos la embarcación lo mejor posible en el denso matorral, entonces, sigilosos, subimos al auto y partimos hacia Cuabitas. Un sentimiento de frustración general nos invadía. ¡Pero, ánimo, estábamos vivos y no caímos prisioneros!

Tarde en la noche, mojados, cansados y nerviosos, llamamos a la puerta de la casa. Los viejos nos recibieron azorados, incómodos por la desinformación. Gabriel se cambió rápidamente de ropa y, con los zapatos empapados de agua de mar —solo disponía de un par— se dirigió a su trabajo —como si nada hubiera pasado— de acordeonista del combo Zafiro, en los altos de Quintero, en Rancho Club.

Al amanecer del siguiente día, parte del grupo se trasladó al lugar del desastre. Por fortuna, reinaba la calma y no había «moros en la costa». Simulando como si se tratara de un campismo, operaron con naturalidad, desmantelando al infausto bote, quemando una parte en la «vacacional» hoguera y sepultando el resto en la arena.

Así acontecieron las cosas en el segundo intento de fuga del desdichado país. Si no logramos el ansiado objetivo, al menos no nos liquidaron en el intento, ni perecimos ahogados, ni fuimos arrestados. La piadosa mano del Señor —y de sus ángeles— nos socorrió de nuevo, porque si no hubiesen desaparecido esotéricamente los remos, muy diferente concluiría esta historia.

La improvisada embarcación de todas formas sucumbiría, por su escasa capacidad de flotabilidad, pero, entonces, distante de la tierra, en aguas profundas, con intensas resacas, dotadas de fuertes corrientes, e infectadas de tiburones toro, alecrines, cabeza de martillo y tigres, entre otros.

Por ello, proclamamos como el salmista en acción de gracias que:

«Te has fijado en mi aflicción, velas por mi vida en peligro; no me has entregado en manos del enemigo, has puesto mis pies en camino ancho». (Salmo 30 (I)).

XIV.- La maldición de las cabezas de madera

Clara y Mingo

Conocimos a estos inolvidables amigos allá por el año 1963. En una playa enclavada muy cerca de la ensenada de Juan González, donde reposan los restos del crucero acorazado español, "Almirante Oquendo", embarrancado durante la batalla naval de Santiago de Cuba, el tres de julio de 1898 (Lámina IV). Hacia el oeste, está el cementerio y la antigua zona minera de El Cuero.

Lámina IV. El Almirante Oquendo embarrancado.
Foto: Wikipedia

Finalizada la pesquería, y al momento de regresar a casa, ya avanzada la tarde, compareció una señora afrocubana, cargando a una niña de pocos meses de nacida, con fiebre alta, sudoración intensa y llorando desesperadamente. Solicitó a papá si pudiera transportarla a Santiago, al hospital, donde atendieran el problema de salud que la aquejaba.

El examen médico detectó el origen del desajuste fisiológico: un grano de frijol germinaba en su oído, con raíces en crecimiento en el interior y con un tallo proyectándose hacia afuera. Extraído el cuerpo extraño, cesó el dolor, la fiebre y el inconsolable llanto de la criatura.

Como era de noche cuando le dieron de alta, la invitamos a dormir en casa, para que, al siguiente día, regresara a su hogar junto al mar. Nació así una larga amistad. Clara Rivera fue el producto —como muchas personas de la costa suroriental de Cuba— de la mezcla de emigrantes haitianos con negros y mulatos criollos. De mediana a baja estatura y cuerpo encarnado, poseía un carácter jovial y hospitalario. Estaba casada con Miguel Ángel Cabrera (alias Mingo), con el que concibió tres hijos: Nidia, Miguel Ángel (Minguito) y Reginaldo (Rey). Vivía con ellos Mercedes (Chela) hija mayor de Clara (la que cosechaba frijoles dentro del oído).

Mingo había sido arriero durante largos años, aparte del desempeño de múltiples actividades agrícolas. Clara cumplimentaba las labores domésticas con la crianza de los hijos y el cuidado de animales. Vivían humildemente, sin electricidad, ni agua corriente, ni gas, lejos de clínicas, hospitales, de pueblos y escuelas.

La casa era un tosco habitáculo (Lámina V) de tablas irregulares, techo de cartón piedra, piso de tierra, provista de una salita-comedor, dos minúsculos dormitorios y una cocina, con leña por combustible. Se erigió en un relieve llano, a escasos metros de la carretera que anuda la ciudad de Santiago de Cuba con poblados y puntos costeros.

Lámina V. La casa de Clara y Mingo.
Foto: Gabriel Navarrete.

El área usufructuada por los Cabrera Rivera se caracterizaba por su amplitud. Una explanada de «diente de perro», enclavada entre dos discretas playas, muy conveniente para la crianza extensiva de cabras, puercos, gallinas, un caballo y un mulo. Fungían como prestos guardianes dos perros: Azabache y Leal.

Clara y Mingo atesoraban muchas historias de sucesos extra normales, acaecidos en diferentes épocas. Él recorrió casi toda la Sierra Maestra.

Una tarde, descansaba con sus bestias junto al pretérito embarcadero de Chivirico, aguardando por el siguiente día, para despachar la carga por mar. En medio de la soledad, escuchó de repente un aleteo por encima de su cabeza; alzó la vista y, asombrado, distinguió dos brujas volando rumbo a un solitario cerro. Tocaban tierra y retomaban el vuelo al punto de partida (el llano); entonces repetían la acción, para luego desaparecer. Estas apariciones las captó en más de una oportunidad en que pernoctó allí con sus arrias atestadas de productos de las estancias de la Sierra Maestra.

La interesante experiencia extra normal la contó Mingo, visiblemente emocionado, a nuestro hermano Gabriel, principiando la década de 1970. También relató que una tarde, en plena serranía con sus mulos sobrecargados, advirtió preocupado que se acercaba un temporal. Apretó el paso en busca de refugio, sin encontrar donde guarecerse. Otro arriero que le acompañaba hizo señales de que lo siguiera, conduciéndole a una densa arboleda centenaria, de enorme altura y plena de «guajacas» (planta parásita colgante) en cuya sombra existía una vieja casona en ruinas, única alternativa para ellos.

Amarraron las bestias y se encaminaron a la mansión, severamente dañada por el abandono y el paso inexorable del tiempo, amén de la lluvia, la humedad y otros factores naturales. Antaño había sido la casa señorial de un vasto cafetal, cuyos dueños franceses poseían —como en numerosos puntos de las estribaciones Maestra y Limones— grandes dotaciones de esclavos.

Según la tradición oral, con posterioridad al fin de esa actividad agroindustrial y a consecuencia del deceso o éxodo de sus pretéritos propietarios, a pesar de permanecer vacía nadie osó ocuparla porque estaba embrujada. Viajeros que intentaron pernoctar *in situ* sufrieron agresiones: golpes, empujones, lanzamiento de sus hamacas, escuchaban espeluznantes ruidos o contemplaban espectrales apariciones, entre otros.

Ellos eran hombres rudos, acostumbrados a la soledad, a la penuria, a lo imprevisible del camino, a enfrentar las dificultades con resolución y entereza. La amenaza de la tormenta resultaba real, el peligro inminente, por lo que se decantaron por traspasar el umbral y acomodarse lo mejor posible y aguardar por el paso del temporal.

Ataron las confortables hamacas de los aún sólidos horcones de madera recia. Comieron algo y conversaron cierto tiempo; entre tanto, llovía copiosamente afuera y las descargas eléctricas iluminaban fugazmente la densa oscuridad del lugar. El cansancio corporal se impuso y, en breve, el sueño dominó sus pestañas.

Un rústico mechón, confeccionado con un pedazo de trapo, una caneca (envase de cerveza escocesa, muy popular en buena parte del siglo XIX y principios del XX), empleando como combustible el queroseno, arrojaba algo de luz al tétrico recinto. De pronto, Mingo recibió un contundente golpe en su pecho, propinado con una cadena de gran tamaño, según revelaba el sonido y el peso de esta en su recorrido por esa porción de su cuerpo.

Con el inesperado impacto despertó y, aterrado, constató el deslice de cada uno de los grandes eslabones por su piel. Saltó de la hamaca, profiriendo gritos de espanto. Su compañero se incorporó y ambos recibieron una andanada de bofetadas. Asustadísimos, se afanaban por identificar la fuente de la agresión, pero no veían a nadie. Clamaban por la protección de Dios al convencerse del origen extra normal —demoníaco— del ataque.

En segundos, zafaron las hamacas y recogieron las escasas pertenencias, abandonaron ciertas cosas en el vetusto caserón; desamarraron los animales y marcharon veloces por el angosto sendero, en medio del torrencial aguacero y la penumbra. Verdaderamente, la antigua y deshabitada mansión se encontraba embrujada.

Clara narró muchas de sus vivencias paranormales, de las cuales contaremos dos, pues fueron experimentadas, también, por el resto de la familia. Veamos.

Cada semana, tres jóvenes de Santiago de Cuba acudían a cargar arena en la playuela que limitaba, por el poniente, el terreno que ocupaban. Trabajaban duro, llenando a pala la cama de un viejo camioncito norteamericano. Finiquitada la ardua jornada, se bañaban en las azules aguas para refrescar y quitarse la arena adherida al cuerpo por el sudor. Luego, pasaban por la casa de Clara, pues uno de ellos le rogaba que le colara café. Conversaban un rato y partían de retorno a la ciudad. Con el transcurso del tiempo, esto se convirtió en rutina y el roce devino en amistad.

Una mañana temprano, arribaron al litoral y rellenaron hasta el tope el vehículo. Decidieron darse el chapuzón de costumbre. Nadaron hacia las olas, hasta lo profundo, donde giraron y fijaron rumbo a la orilla, emulando por el predominio de la velocidad. De repente, se escuchó un grito entre el ruido de las olas. De los tres competidores, solo dos alcanzaron la ribera. Devoraron con sus ojos el mar, esperando divisar al compañero retrasado, inútilmente.

Jamás tocó la arena costanera. Se esfumó entre las espumosas ondas, a pesar de que nadaba diestramente. Aguardaron un tiempo prudencial y luego informaron la desaparición al cuartel más cercano de tropas guarda fronteras; ellos, a su vez, lo comunicaron a la marina de guerra para que emprendieran la búsqueda. La ejecutaron por días, fallidamente. Sus familiares y amigos de Santiago se sumaron al rastreo de toda el área, negativamente.

Clara y familia estaban consternados. Esa mañana, quedaron a la espera de los muchachos foráneos, sobre todo al que degustaba el aromático café criollo. A la tercera noche de su desaparición, Clara soñó que comparecía ante ella y le decía: «Lo que quiero es el café».

Despertó perturbada y triste. La segunda y tercera noches se repitió la experiencia de idéntica forma. El difunto insistía con vehemencia: «Lo que quiero es el café».

Para la buena mujer no restaban dudas; esa era la petición del espíritu del desdichado devorado por el mar. Entonces, como entendedora de los mensajes y señales del «más allá», se dispuso a cumplir su voluntad. Al siguiente día, con el alba, coló el café, e íntegramente, sin que nadie lo probara, con el tiznado jarro ardiente en sus manos, marchó hacia la solitaria playa, incluyéndose en sus aguas hasta las rodillas y, contemplando el inmenso azul, proclamó:

—Aquí tienes el café. Es todo tuyo. —Vertiéndolo en el mar—. Por favor, no me molestes más. Adiós.

Regresó al hogar para preparar el desayuno a la prole. Desde aquel día, jamás soñó con el desaparecido. Al parecer su alma, al saciar el deseo pendiente, se sintió satisfecha y en paz.

Una experiencia colectiva, bastante frecuente, refiere el paso nocturno por la carretera de una señora, de más que mediana edad, de la que se afirmaba practicaba brujería y magia negra, y que poseía la facultad de volar; daba unas sonoras, escalofriantes y elongadas «¡buenas noches!» y proseguía su rumbo.

En cierta ocasión, después de la cena, rozando las nueve, la familia se hallaba recogida, cuando la temida mujer llamó frente a la humilde casita. Clara, haciendo la señal de la cruz, abrió la puerta y advirtió, con espanto, que la recién llegada no tenía cabeza. Rezando en voz baja, penetró aterrada en su vivienda, seguida por la indeseada visitante, que sonreía maliciosamente, ya con la testa en su sitio.

En otra oportunidad, unos jóvenes reclutas del servicio militar obligatorio que transitaban por el puente de Cañizo, poco antes de la media noche, una fémina les solicitó lumbre para encender un cigarrillo. Al arrimar el cerillo a la aparecida, se produjo una explosión que iluminó la escena, corroborando los militares, con pavor, que esta lucía decapitada. Corrieron desenfrenadamente hasta el caserío de El Cuero, donde alarmados narraron a parientes y amigos la terrorífica vivencia.

Pero no solo nuestros dilectos amigos aludían ser testigos de este tipo de avistamiento anómalo. Tal vez no sobre señalar que en la costa sur del oriente de Cuba —máxime al oeste de la bahía santiaguera— la creencia en brujas voladoras resulta realmente común y extendida, influencia que se refleja incluso en su toponimia.

Una de las actividades de la familia por esa fecha consistía en recorrer, casi a diario, la orilla del mar, para recolectar leña y otros materiales útiles. Un día, encontraron una cabeza antropomorfa tallada en madera, con rasgos físicos negroides, la cual tocó tierra arrastrada por las corrientes oceánicas. Clara la exhibía con orgullo, como singular ornamento, en la mísera salita de su casa. En más de una ocasión quiso obsequiársela a nuestro hermano Gabriel; pero este, instintivamente, postergó siempre la aceptación de la oferta —bien intencionada— de la amiga.

Al poco tiempo de apropiada la pieza, empezaron a confrontar dificultades. El gobierno local les exigió abandonar la finquita. Obligatorio mudarse hacia el frente, en los contrafuertes de la Maestra, área plagada de plantas de «aroma» y «marabú», duras, espinosas, casi indomables.

Por sus propios medios tenían que desmontar el habitáculo y reedificarlo en un sitio prácticamente inaccesible cuando llovía, por el lodazal que se formaba, lejano de la carretera —único conecto con la civilización— y donde atacaban incesantemente inmisericordes enjambres de mosquitos. La ardua tarea impuesta la ejecutaron entre el viejo Mingo y sus robustos retoños.

A partir de esa fecha, nada fue igual. Los animales —fuente primordial de su subsistencia— no se procreaban como antes, ni gozaban de la buena salud que, en el enclave costero, aparte de que eran constantemente mermados por las incursiones nocturnas de jaurías de jíbaros, procedentes de la serranía. La severa artrosis de Mingo se intensificó imparable. La miseria aumentó, aún más.

Chela se juntó con un joven y levantaron un bohío dentro de los límites del terreno de sus padres. Una aciaga noche, el marido, enloquecido por los celos, le trituró la cabeza a la infeliz y noble muchacha con una mano de pilón, que regó los sesos por buena parte del exiguo aposento. Acto seguido, se colgó del caballete.

Al siguiente día, desesperados por la ausencia de respuesta a sus insistentes llamados, sus padres derribaron la débil puerta y contemplaron, destruidos, el macabro espectáculo. En breve Clara enfermó de cáncer. Lo descubrieron tardíamente. Sucumbió plena de dolores.

Elisa

Con pedazos de diversos materiales de construcción (tablas, horcones, cartón piedra y viejas planchas de metal) Ibrahím, a la sazón patrón de un pequeño barco pesquero de madera, erigió una casita, compuesta por una reducida habitación y una cocinita-comedor, todo extremadamente humilde, básico, para albergar a su madre Elisa y a su abuelita de avanzada edad.

La hizo cercana a la orilla del mar, en la margen occidental de una playuela enclavada al este del ranchito de Clara y Mingo. A escasos metros de la carretera costera, prácticamente resultaba invisible, por su ubicación dentro de un tupido montecito de matas de uva caleta.

Ibrahím, con enorme sacrificio y labor personal, la edificó con premura, sin permiso del Instituto Nacional de Viviendas, por lo que, obviamente, era ilegal. Por ello, no recibía ninguno de los minúsculos beneficios otorgados por el gobierno, como el suministro, una vez a la quincena, de dos barriles de agua, por medio de un camión cisterna.

Debido a la buena voluntad de Clara y por la amistad de esta con Enrique (el operador y chofer de la pipa) se le permitió a Elisa colocar un barril junto a los de su exclusiva vecina; entonces ella la acarreaba en cubos para su consumo diario, a través de un angosto trillo por entre la maleza del litoral, casi siempre al mediodía.

Más de una vez en que visitamos a los Cabrera Rivera, observamos al rancho repleto —como sardinas en lata— por miembros de la numerosa grey, que acudían allí eventualmente, de la alta serranía, para reunirse y compartir familiarmente. Entonces Elisa nos invitaba a pernoctar en su casita. Nunca olvidaremos las atenciones y el cariño que nos prodigaron esta amable señora y su anciana madre.

Con un nivel de vida miserable y mal alimentadas, sobrevivían con lo elemental. En más de una ocasión, avistamos a Ibrahím fondear el barquito frente a la caleta, a unos doscientos metros de la orilla y lanzarse al mar, con un deteriorado equipo de buceo a pulmón, nadar con un pargo o un mero en sus manos, para que su madre y la abuela ingirieran proteína, muy necesaria en la dieta humana. Besaba a sus amadas y retornaba braceando a la embarcación, la que abordaba auxiliado por sus compañeros y proseguía la travesía hasta la ensenada de Cabañas, base de la cooperativa pesquera estatal, propietaria del barco.

Así marchaban las cosas, hasta que una mañana Elisa inspeccionaba la costa acopiando leña para cocinar, hervir la escasa ropa disponible con unos casquetes de jabón de lavar, cuando apreció ciertos objetos, labrados en madera, que reposaban entre sargazos, en la línea del litoral. Con suma curiosidad, la laboriosa mujer recogió las piezas. Se trataba de dos tumbadoras (tipo de tambor) de más o menos un metro de alto, con el cuero superior roto. Además de estos instrumentos musicales, primitivamente confeccionados, colectó igual número de cabezas antropomorfas, talladas en dicho material perecedero, voluminosas, con el «cabello» esgrafiado y las facciones gruesas, inconfundiblemente negroides, de probable procedencia foránea, arrojadas a la playa por las olas, como destino final de un largo viaje, a merced de las corrientes oceánicas.

Resulta intrigante y sugerente el hecho de que siendo tan vasto el océano y poseyendo Cuba miles de kilómetros de costa, los enigmáticos objetos tocaran tierra, de manera esotérica, justo frente a la casucha de Elisa, como con una nefasta y predestinada misión inexorable. Los cargó como valiosas joyas, colocándolos en exhibición en el recibidor-comedor de su habitáculo.

A partir de ese instante las cosas cambiarían radicalmente. La simpática abuelita española enfermó súbitamente y abandonó este mundo en breves días. Falleció de muerte natural un cuerpo viejo, pero fuerte como un roble, sorprendiendo a los que la conocían.

Escaso tiempo después, un individuo de la zona invadió una noche la aislada casita; derribó la puerta y se lanzó, como un fauno, para violar a Elisa. Ella peleó con denuedo y resolución. Gritó a todo pulmón y golpeó fuertemente con sus pies los genitales del fornido asaltante. El impacto lo encorvó primero, pero, *a posteriori*, enfurecido, dejó a un lado los instintos lascivos y la emprendió a puñetazos contra su víctima. No obstante, el delincuente no alcanzó su objetivo. Desconcertado por la férrea resistencia de la ofendida, y por sus reiteradas solicitudes de auxilio, se retiró velozmente.

En efecto, al escuchar los desesperados clamores, Mingo se movilizó, machete en mano, acompañado por sus hijos para socorrer a Elisa. Al arribar al umbral, constataron el destrozo causado por la violencia. La dueña se acercó llorosa; ante la luz mortecina del mechón, portado por Miguel Ángel, todo se ofrecía revuelto; ella brutalmente golpeada, con moretones en los brazos y en la cara, descompuesto el semblante y respirando con dificultad, dijo:

—Fue Juancito. Intentó violarme, mas no pudo.

—Vamos para mi rancho —sugirió Mingo—. Mañana componemos este desastre.

Elisa bebió agua fresca y una humeante porción de café, colado por Clara, quien expresó:

—Debes denunciar en la policía a ese sinvergüenza, porque es capaz de intentarlo de nuevo. —Escanciando el contenido aromático del jarrito, la maltratada mujer contestó:

—No, no iré a la policía, no harán nada; es su palabra contra la mía y recuerden que vivo ilegal aquí. Puedo perder mi casita. De Dios es la justicia.

Clara insistió en el punto, sin éxito.

Cuando el astro rey estrenó su luz, Elisa se despidió de sus leales vecinos y tomó el trillito, rumbo a su desordenada vivienda.

A pesar de sus enfáticos ruegos de silencio, alguien informó a Ibrahím, quien conocía sobradamente al tal Juancito, y se dispuso a atraparlo. Ingenió una suerte de fusta muy particular, compuesta por un alambrón (de los que se emplean en la construcción para las jaulas de encofrado) y de una tuerca pesada. En uno de los extremos de la varilla metálica, le hizo una argolla, en la que introdujo la turca; cerró bien el aro con soldadura eléctrica. La tuerca giraba libre dentro de su encierro.

Acechó pacientemente, como león hambriento, a su presa por varios días. Para ello, solicitó vacaciones en su trabajo. Una mañana, en un amplio potrero, extendido al norte de la carretera costera, identificó a Juancito. Lo saludó cordialmente, como si nada hubiera pasado, acercándose so pretexto de hablar sobre un negocio. El sujeto, confiado en su mayor corpulencia, aguardó por su interlocutor. Una vez a su alcance, Ibrahím descargó, con la velocidad de un relámpago, el primer golpe en la cabeza del adversario; este puso las manos en el punto de impacto, pero recibió otro en el abdomen. Desató, a continuación, un huracán de fustazos, pegando por doquier. El robusto cuerpo, color de endrina, manaba sangre copiosamente, se tambaleaba, sin intentar ripostar la agresión. El hijo de Elisa manejaba el atípico látigo con inusitada furia. Juancito gritaba desesperado:

—¡No me pegues más, ya basta! —No consiguió mantenerse en pie y se desplomó. Todavía en el suelo, por cada palabra que profería recibía una andanada de fustazos.

—¡Perdón, perdón, fue un error, no lo haré más, lo juro! —Y continuaban los chuchazos sobre la ensangrentada espalda.

Unos transeúntes de la carretera detuvieron el castigo a tiempo, pues el hercúleo individuo se hallaba a punto de desfallecer.

Ibrahím fue multado por su agresión y le impidieron aproximarse a su ofendido. Siempre constituyó un orgullo para él haber pagado la cifra impuesta por el juez: era el precio de la certeza de que el degenerado nunca más se acercaría a su madre.

Meses después del incidente relatado, Elisa enfermó. La valiente y luchadora mujer comenzó a quejarse de dolores y a perder masa corporal. Cuando Ibrahím la llevó al médico le detectaron un cáncer terminal. La infeliz se fue apagando y, en breve, pereció.

Con posterioridad al entierro, su hijo recibió la orden policial de desarmar la casita a la mayor brevedad. Con lágrimas en los ojos arrancó cada una de las tablas, planchas y horcones que un día unió con tanto amor. Colectó algún que otro recuerdo, ya que la desdichada madre no dejó nada en heredad.

Entre las cosas que desechó, estaban las tumbadoras y las cabezas antropomorfas recogidas. Su entrada en el hogar coincidió con un radical y desastroso cambio en la vida de sus moradores. ¿Casualidad?

Nos preguntamos: ¿Portarían aquellos objetos alguna maldición?, ¿estarían cargados de energías perniciosas de sus antiguos propietarios?, ¿formarían parte del ajuar ritualista en algún tipo de ceremonia mágico-religiosa en otras tierras? ¿Usarían estos objetos en una limpieza o aseo espiritual, y, por tanto, portarían fuerzas y energías negativas y malignas? Solo Dios lo sabe. Lo cierto es que las personas que colectaron y custodiaron esas piezas corrieron prácticamente la misma suerte. Ambas perecieron atormentadas por el cáncer, les tumbaron sus viviendas y experimentaron tragedias familiares o personales de diversa índole.

Mientras Clara y Mingo residieron en el punto costero tuvieron ciertos contactos con el espíritu de Elisa. Más de una vez le avistaron vagar en el área donde existió su morada. En otras oportunidades, vieron su espectro recorriendo la orilla del mar.

Casi a diario, en horas del mediodía, escuchaban, nítidamente cómo una entidad invisible extraía agua del que había sido el barril de la difunta Elisa. En una ocasión, nos tocó ser testigo del extra normal fenómeno psico fónico. Ante nuestro asombro, Clara afirmó serenamente:

«No te alarmes, eso es cotidiano aquí; Elisa, en espíritu, continúa buscando agua; o no se ha percatado de ello, o no se resigna a aceptar que está muerta, que ya no pertenece al mundo de los vivos».

XV.- Cayo Damas:
plaza embrujada

Cayo Damas es un pequeño islote ubicado a unos cien metros de la costa y a un kilómetro al este del pueblo de Chivirico, capital del municipio Guamá. Su parte norte la conforma un banco de arena y fragmentos coralígenos, el sur lo ocupa un promontorio rocoso de color oscuro, que sobrepasa los cuarenta pies sobre el nivel del mar.

Un malecón, construido con piedras cementadas, marca el perímetro del cayuelo, por sus límites norte, este y oeste, debido a que las altas mareas solían inundar su superficie, por su escasa altitud sobre las aguas marinas en esos puntos cardinales. Elevados pinos y cocoteros, sembrados en su porción llana, contribuyen, con sus copiosas raíces, a retener la arena de la erosión, amén de proporcionar sombra y frescor agradables al pintoresco lugar (Lámina VI).

*Lámina VI. Puesta de sol en Cayo Damas.
Foto: Gabriel Navarrete.*

Conocimos el sitio a principios de la década del setenta, porque Gabriel trabajó allí por más de tres años como fotógrafo submarino (y naturalista en general) de la Universidad de Oriente, institución a la cual pertenecía el cayo desde el decenio anterior. Sus compañeros de labor y amigos de la localidad le revelaron la existencia en el sitio de un duende malévolo y agresivo. Pero antes de relatar los sucesos paranormales que refirieron, hagamos un somero recuento histórico del lugar.

Las primeras huellas del trasiego humano por su superficie se remontan al poblador aborigen del archipiélago cubano. En efecto, en el año de 1988, el autor, juntamente con el licenciado Jorge Bretones (a la sazón investigadores de la Unidad de Protección al Medioambiente del Parque Baconao) detectaron fragmentos de cerámica y otras evidencias arqueológicas, diagnósticas de la etapa agro alfarera, conocida en Cuba como cultura Subtaina, esparcidos a flor de tierra en la sección central del escueto cayo. Las excavaciones controladas sustanciaron la presencia de un estrato antropogénico integrado por material cerámico, restos de burenes, remanentes alimenticios (predominantemente de origen marino) ceniza y carbón vegetal, cuya cronología pudiera ubicarse, tentativamente, entre los siglos XIII y XV de nuestra era.

Del periodo colonial se cuenta que allí ocurrió un singular duelo entre dos capitanes piratas, quienes decidieron ventilar, de esa manera, sus diferencias personales y hegemónicas (Fernández Arvelo, 1973, comunicación personal), disputa presumiblemente suscitada entre los siglos XVII y XVIII.

En la cumbre de la elevación del sur se aprecia un sólido mirador. Son los restos de un antiguo heliógrafo español, que formaba parte de la red de comunicaciones del sistema defensivo hispano del siglo XIX (Bretones Osorio, 1988, comunicación personal).

De la pretérita actividad militar del ejército español en el punto, se rescataron balas esféricas de cañón que pudieran ubicarse cronológicamente entre el siglo XVIII y mediados del XIX.

El doctor Manuel Yero Romero, quien fuera médico del benemérito «Grupo Humboldt» de la Sociedad de Geografía e Historia de Oriente (ya desaparecida) informa haber observado la exhumación de restos esqueletales de soldados peninsulares (a juzgar por los botones y hebillas militares) en el centro del cayo, durante la construcción de la vivienda allí erigida, en la década de los años cuarenta, por la familia Hernández, antiguos dueños de la fábrica de hielo de Santiago de Cuba (Yero Romero, 1978, comunicación personal).

Posteriormente, la distinguida familia Bacardí la adquirió y remodeló totalmente, para utilizarla como retiro de recreo y descanso. Cuando el régimen comunista expropió la compañía y propiedades de los Bacardí, Cayo Damas permaneció completamente abandonado. Es de este periodo del que provienen los eventos anómalos que a continuación presentamos.

Miembros de la cooperativa pesquera, emplazada en tierra firme frente al cayo, denuncian haber visto, con cierta frecuencia, a un «jigüe» (duende de las aguas, según el folclor cubano), de baja estatura, aspecto simiesco, color oscuro, contrahecho, ojos saltones y con los brazos más abiertos de lo normal al andar. Se mostraba seguro y prepotente. Personas que transitaban por la carretera le avistaron y describieron de igual forma. Tornaban la mirada frente al punto para no toparse con el aterrador personaje.

Pescadores que atracaron en su muellecito para pernoctar en la deshabitada vivienda, durante el paso de una tormenta, reportan que precisaron escapar ante la agresión espiritual que experimentaron: golpes, empujones, arañazos, galletazos y jaloneo, achacados al malvado ente.

Aseguraban que el atacante era invisible; que probablemente participó más de una entidad paranormal, toda vez que varios individuos fueron agredidos simultáneamente. Esta acción se repitió cuando la tripulación de otro barco intentó guarecerse del paso de un mal tiempo. Huyeron despavoridos ante una lluvia de golpes y empujones.

Para los hombres de mar, para los arrieros, montañeses y lugareños en general, Cayo Damas constituía una plaza embrujada; nadie osaba ya visitarlo de noche por temor a represalias del tenebroso «jigüe», devenido en dueño absoluto del cayo. Le atribuían la autoría de los ataques paranormales de forma gratuita, infundada, porque en realidad, ninguno de los afectados lo vio propiamente en ese momento.

Cuando la Universidad de Oriente tomó posesión del enclave e instaló un taller de taxidermia y de recolección y captura, para proveer de especímenes marinos, terrestres y de la avifauna local a su Escuela de Biología, cesaron las denuncias de fenómenos extra normales. La casa albergó entonces a trabajadores, investigadores y estudiantes en el transcurso de lustros.

Aunque Gabriel jamás padeció de afectaciones de esa índole, sostiene que la mayoría de los empleados no se atrevían a pernoctar allí, por temor al duende. Sin embargo, al parecer las energías negativas lo abandonaron gradualmente, ante el intenso quehacer humano, culminando, así, un ciclo de dominio espiritual, probable consecuencia de sus años de soledad y abandono.

XVI.- El perro del tinajón

En 1967 intentamos dos veces escapar del país de forma clandestina, al resultarnos imposible hacerlo legalmente. Papá construyó, con mucho esfuerzo, una rudimentaria embarcación, que consistía en dos cámaras de tractor unidas por barras laterales de madera, con un piso de lona verde, fijado a la estructura con sogas de algodón.

El plan de fuga se basaba en trasladar la balsa hasta las cercanías de Baconao (al este de Santiago de Cuba), ocultarla en la espesura y, desde ese punto, remar toda la noche hasta la base naval norteamericana en la bahía de Guantánamo, al oriente de Santiago de Cuba. Tras mil peripecias y riesgos, dejamos todo *in situ*, sin que nadie nos viera.

Llegó el ansiado día del escape; nos trasladamos junto a papá en autobús hasta las proximidades, pues, por prudencia, no convenía apearnos directamente en el objetivo para no levantar sospechas, por lo que caminamos unos dos kilómetros por dentro de la maleza costera. Ya en el oculto enclave, chequeamos que la embarcación desarmada y demás cosas se hallaran en orden. Nuestra madre y hermano arribarían más tarde, en automóvil conducido por un amigo de extrema confianza. No obstante, cayó la noche y nada.

Al siguiente día, papá, preocupado, decidió regresar a casa y averiguar el motivo de la ausencia, por lo que permanecimos ocultos dentro de la covacha en la escarpada costa, junto a la embarcación y a un Nuevo Testamento. En solitario, pasamos la noche sin encender luz (pues podría delatarnos) ni abandonar el abrigo rocoso. Imposible dormir por la tensa angustia y por el inmisericorde acoso de mosquitos, cangrejos y maqueyes, negados a aceptarnos como nuevos inquilinos del refugio.

Bien entrado el siguiente día, miramos cautelosamente fuera y ni rastro de la familia. Luego de cerciorarnos de la inexistencia de «moros en la costa», salimos a explorar, desobedeciendo la orden prohibitiva dejada por papá. Trepamos por un promontorio calizo, de los que abundan en esa zona del litoral y nos dedicamos a observar su línea oeste, por donde debían acudir los seres queridos al encuentro. Los ojos se gastaban oteando a lontananza, registrando el horizonte visual.

Pronto llamó la atención un voluminoso objeto, color pardo, algo oscuro, que las olas empujaban a la orilla de una discreta caleta, próxima al punto de observación. Distinguimos que se trataba de un gran recipiente de madera, muy parecido a un tinajón de barro, cuasi esférico, con un amplio orificio como boca.

Por fin, una empinada cresta lo lanzó a la ribera y otra lo remontó más. Yacía en lo seco cuando, para mayor asombro, de su interior brotó un hermoso perro, de buen tamaño, pelambre pardo-rojiza y orejas erguidas, que se sacudió en la arena, meneando la cola en señal de alegría. «Un perro náufrago», pensamos de inmediato. «Tocó tierra el afortunado». «Ya se salvó», meditamos sin dudarlo un instante. Sin embargo, contra toda lógica y en oposición a nuestras suposiciones y conjeturas, el precioso animal se acercó al receptáculo, lo olfateó, movió la cola y, de nuevo, expedito, se precipitó al mar.

Apreciamos nítidamente el insólito espectáculo, pues nos encontrábamos a menos de cien pies del escenario. Lo contemplamos desde arriba, captando cada detalle. Esperamos, ansioso, avistarlo nadando entre las olas, pero fue inútil: lo devoró el océano, al cual voluntariamente regresó. Se lo tragaron las azules ondas, sin pataleos, ni otras señales de que sucumbiera ahogado.

Colegimos que aquello no era normal ni racional. Nos cansamos de mirar el turquí elemento, con la esperanza de divisarle otra vez, infructuosamente. El extra normal «perro-sirena» volvió al reino acuoso de donde misteriosamente provino.

¿Se tratará, acaso, del espíritu de un perro que pereció ahogado en el mar, y por eso lucha por alcanzar la orilla que en vida nunca logró, pero, como ya no es materia, debe regresar al elemento que para siempre lo atrapó?

Al retornar al escondite, un miliciano nos descubrió desde la cima del acantilado. Esperábamos que nos arrestara, pero dio la espalda e increíblemente se marchó, dejándonos libre, como si hubiese sido ciego, o que obedeciese a una voluntad divina.

En cuanto al intento de fuga, este culminó en un rotundo fracaso. Los familiares jamás acudieron a la cita. Por eso, al cuarto día, sin alimentos, ni agua, regresamos derrotados al hogar, tras salvar obstáculos y peligros. A casi un mes del fallido intento, papá se percató de que habíamos olvidado, junto al mar, el Nuevo Testamento, compañero fiel desde los tiempos del itinerante exilio durante la dictadura anterior, y uno de los escasos objetos que se salvaron del devastador y misterioso incendio de la casa del reparto La República. Indispensable recuperar al querido Libro Sagrado. Para ello, era imperativo volver al sitio y exponernos otra vez.

Tras mil inconvenientes allí arribamos. Con tremenda ansiedad revisamos palmo a palmo el entorno, temiendo que alguien se nos hubiera adelantado. Por fortuna, lo colectamos del suelo, húmedo, empapado de salitre, con sus bordes ligeramente roídos por las innumerables mordidas de cangrejos y maqueyes, pero íntegro, sin pérdida importante de materia.

Emocionado y con el corazón palpitante, lo entregamos a papá. Este lo abrió con vehemencia y en la primera página en blanco comparecía, intacta, la dedicatoria que plasmó, diez años atrás, en la ciudad de San German, Puerto Rico, el compasivo reverendo míster Seda:

«A Gabrielito:

No dejes de leer este Nuevo Testamento lo que es la Palabra del Señor y tendrás ricas bendiciones del cielo para ti y los tuyos.

Te recordaré con mucho cariño y estaré orando por Uds. siempre. Recuérdenme siempre. Dios te bendiga».

Rev. Seda

XVII.- Náufrago por estupidez

Esa noche de 1972 no logramos conciliar el sueño. La cita era a las cuatro de la madrugada en el local del INDER (Instituto Nacional de Deportes Educación Física y Recreación), situado en la calle de San Pedro, en la ciudad de Santiago de Cuba. Fuimos de los primeros en arribar al punto, a eso de las tres.

Partimos en ómnibus con destino al muelle de La Alameda y zarpamos en dos barquitos pesqueros, hacia algún área frente a la costa, para desarrollar una competencia de caza submarina, tercera categoría, en la que solo clasificarían los tres primeros lugares, pasando, de inmediato, a la segunda categoría.

El reloj no marcaba aún las cinco, cuando abordamos las embarcaciones que atestamos con nuestros cuerpos y sueños; todos anhelábamos ganar y capturar el pez mayor. Al enfilar la boca del puerto, nos percatamos de lo picado que se encontraba el mar. El oleaje zarandeaba la flotilla apenas rebasó el Bajo del Diamante, rumbo a Occidente.

El profesor Rosales, a cargo de esa sección del INDER, impartió las instrucciones y reglas del evento. Ordenó al patrón del barco que navegara a distancia prudencial de la orilla y que, una vez seleccionado el escenario propicio, daría la señal para lanzarse al agua e inaugurar el certamen.

Sentado en la popa, nos colocamos prematuramente el equipo; careta, *snorkel*, patas de rana y cinturón con lastre y cuchillo. Se estrenaban los primeros rayos solares a la altura de la punta de Cabrera. El periplo parecía interminable. Bordeábamos la costa de este a oeste: Nima-Nima, Juan González, El Cuero, Arena Menuda,

Cañizo, San Gabriel, Caletón Blanco, Boca de Dos Ríos, Cojímar, Manuelica, Hicacal, Aserradero, El Paraíso, Cabagán… Agotábamos la vista oteando el litoral desde el sur (de mar a tierra) y observando el rostro de Rosales, aguardando por su decisión. Proseguíamos hacia el poniente, sin cambio: Peñas Altas, Quiebra Seca, El Francés, Río Seco… habló, por fin, al patrón y este detuvo la acelerada marcha.

Sin que consiguiéramos precisar la ubicación exacta (calculamos que probablemente a la altura de El Macío), escuchamos al líder decir: «Este es un buen sitio para la competencia». Era tan inmensa nuestra desesperación e impaciencia que, sin más, nos arrojamos al agua. Caímos próximo a la propela, la cual contemplamos unos instantes. ¡Increíble que aquellas pequeñas hélices nos hubiesen trasladado tan lejos!

Olvidando el mundo exterior, nos concentramos en la inspección visual del fondo marino. Se trataba de un islote, rebozado de corales, cuya base descansaba sobre arena, cerca de sesenta pies de profundidad; en tanto la cima se ubicaba a unos treinta y cinco. Identificamos una «vieja lora» de buen tamaño. Como en la competencia valía todo pez que fuera comestible, ejecutamos la hiperventilación para elastizar y expandir los pulmones. Los sentidos fijamente concentrados en la actividad. Descendimos a la porción llana del promontorio y arponeamos exitosamente la presa. Pero en el ascenso escuchamos ruido de motores…

Al emerger, y tomar resuello, advertimos que las unidades pesqueras enfilaban de nuevo hacia el oeste. Inferimos, que buscaban el más adecuado fondeadero local, por lo que no concedimos mucha connotación al hecho, además, disponíamos de una captura que nos otorgaba cierta ventaja…

En lo que la enganchábamos de la boya, en su agujeta, al final de la retenida, los barcos se alejaron velozmente. Confrontamos así la dura realidad, al esfumarse, poco a poco, de nuestro horizonte visual. Flotábamos en solitario, como una gota más del profundo azul.

A pesar del oleaje, generado por el mar de fondo, en muchas ocasiones contemplábamos el lecho oceánico y su fauna; pero ya la mente no se dispersaba en otra cosa que no fuera seguir la derrota de las naves. Seguramente se percatarían de la ausencia y regresarían en breve. A bordo iban personas conocidas; pero estas lícitas conjeturas, con el transcurso del tiempo, se trocaron en quimeras.

Todavía hoy, a la friolera de cincuenta años, no entendemos cómo nadie advirtió nuestra desaparición, si ambos pesqueros abandonaron la bahía repletos de deportistas. Por otra parte, creíamos atraer un poco la atención de la gente por resultar el más joven de los participantes, sin embargo, no ocurrió así.

La angustia de convertirnos súbitamente en náufrago, por la inexperiencia y estupidez con que obramos, iba adquiriendo su verdadera dimensión. La costa distaba unos doscientos metros, pero no la consideramos una buena opción, toda vez que albergábamos la esperanza de hallar a los compañeros en cualquier momento, bien porque nos buscaran o por detenerse para anclar e inaugurar el evento.

Nadábamos siempre paralelo al litoral. Decidimos aproximarnos un tanto a la orilla, porque frecuentemente dejábamos de ver el fondo, al incrementar la profundidad, y nadar sin perspectiva de ubicación en el espacio afecta psicológicamente al buceador, provoca inseguridad, desorientación y una rara sensación de vacío, como que se flota en una tinta infinita.

Conscientes del tremendo peligro que corríamos, con mente y corazón invocamos la protección divina. Rogamos a Dios Todopoderoso y Eterno, que nos librara de escualos y de otros depredadores marinos, pues solo contábamos con un arpón de dos ligas, con el que muy poco hubiéramos conseguido hacer si nos atacaban; pedimos a su hijo Jesús nos concediera calma, ecuanimidad, valor, entereza y sabiduría para superar la prueba; a Nuestra Señora de la Caridad del Cobre, que nos cuidara de corrientes, tormentas, percances, calambres y de la furia del océano; solicitamos a San Cristóbal que nos condujera a puerto seguro.

Ardua fue la lucha contra la desesperación y el desasosiego. La tarde llegaba y ni rastro de la flotilla. Un accidente geográfico trajo cierto alivio y tranquilidad: identificar la Punta Amarilla, un tramo delante, al oeste. A continuación, se abría el dilatado arco de la rada de Sevilla, seguramente allí se desarrollaría la competencia. Pero, una vez que chequeamos la enorme playa, nos desilusionamos al constatar la errónea presunción.

Tomamos, entonces, una determinación: seguir nadando hasta el poblado de Chivirico y si no los encontrábamos, alcanzaríamos la orilla y reportaríamos lo acontecido. Gracias a Dios, todo el tiempo la corriente se sostuvo muy fuerte a nuestro favor. Poco después, nos situábamos justamente al sur de la Punta Tabacal; atrás quedaron las playas de Sevilla y Blanca.

Restaba todavía el trayecto náutico hasta Chivirico, pasando por fuera de Cayo Damas. La corriente menguó y prácticamente resultó imperceptible. Nos embargó el temor de que cambiara de dirección, rumbo este (cosa que sucede aproximadamente cada seis horas). Era lo que nos faltaba: conquistando casi la meta tener que nadar contracorriente. Afortunadamente, no ocurrió así.

Avistamos los pinos de Cayo Damas. Solo requeríamos de un esfuerzo más. Al rebasar el promontorio sur de dicho punto y extender la angustiosa mirada al poniente, nos dio un vuelco el corazón: allí comparecían fondeados, junto a la cooperativa pesquera. Como tortuga con la cabeza fuera del agua para orientarnos (lo que efectuábamos con frecuencia) tornamos los ojos al cielo para proclamar un «¡Gracias, Dios mío!».

Paulatinamente nos acercamos al objetivo. Hormigas parecían los tripulantes. Escuchar sus lejanas voces, un bálsamo para los oídos. El sol principiaba a declinar y restaría poco más de una hora de competencia. Se imponía aprovechar las escasas energías disponibles. ¿Para qué perder el tiempo informando lo ocurrido? ¿Nos creerían o lo considerarían como un ardid o estratagema para intentar obtener alguna concesión o ventaja? Decidimos competir con denuedo y pasión. Tanto sacrificio, incertidumbre y peligro no serían en vano. Indispensable ganar o alcanzar, al menos, uno de los tres escalones del podio; en definitiva, la culpa era absolutamente nuestra.

Localizamos grandes cabezos entre veriles. Aunque las aguas se presentaban turbias, la suerte parecía asistirnos ahora. Cada vez que sumergíamos, ascendíamos a la superficie con un pez en la varilla. Así se repitió hasta la señal de fin del certamen. El pesaje se realizaría en la báscula de la cooperativa. Tres jueces fiscalizarían el proceso.

Nadamos con la pesca hasta la orilla y nos colocamos en fila, cada cual con su ensarta. Más de treinta pescadores submarinos participamos en aquella jornada. Evidentes la ansiedad y el nerviosismo, aguardando por escuchar los nombres de los tres clasificados. Finiquitado el riguroso pesaje, uno de los jueces leyó el resultado: «¡Obtuvimos un honroso e impensado tercer lugar, pasando, *ipso facto*, a la segunda categoría!». Aquello parecía inalcanzable e inconcebible. Con apenas poco más de una hora de competición concretamos un sueño.

Definitivamente, ese día Dios estuvo con nosotros. No solo nos libró de todo mal en el peligroso océano y nos condujo sano y salvo a la orilla, después de nadar en solitario por unas seis horas y recorrer una distancia cercana a los quince kilómetros, sino que también concedió que nuestros anhelos y aspiraciones se convirtieran en realidad.

XVIII.- La impronta del ancla

Al descender del autobús, apreciamos lo movido y turbulento que se ofrecía el mar, inadecuado para desarrollar la pesca submarina. Pero, después de pasar toda una odisea por conseguir abordar de madrugada el viejo transporte y de viajar de pie con el equipo a cuestas por varias decenas de kilómetros, no concebíamos, en modo alguno, desaprovechar la ocasión.

Nos encaminamos a la casa de Clara y Mingo determinados a lanzarnos al mar por la playuela del este. No contábamos con compañero de pesca ese día de 1972.

Tras esperar el choque contra la orilla de una andanada de encrespadas olas, nos tiramos al agua y nadamos rápido para ganar en profundidad y alejarnos del rollerío de la rompiente coralina, pero el mar de fondo era tan intenso que, aun traspasada la barrera, proseguía el zarandeo.

Las partículas en suspensión —y la consiguiente turbiedad— limitaban la visión submarina a unos exiguos metros. Las algas abanicaban sin cesar, a ritmo acelerado.

Divisamos una vieja lora (o cotorra) que se desplazaba junto al fondo. Nos zambullimos para intentar arponearla, en medio del desesperante batuqueo. Escapó entre las rocas y, cuando tratamos de frenar el impulso que llevábamos hacia el lecho marino, casi incrustamos la careta de buceo con una barra cilíndrica, repleta de pequeños corales y otros organismos que, en ángulo de cuarenta y cinco grados, encajaba en el fondo. Al asirla por el extremo proyectante, advertimos que se trataba de una argolla concrecionada al resto de la pieza. ¡Habíamos chocado con un ancla! Al detener el descenso, aferrado con fuerza al arganeo, por desgracia se quebró. El pecio se encontraba muy frágil, producto de la enorme concreción microorgánica, a la penetración de oxígeno y salitre en su estructura molecular y a la venerable antigüedad que aparentaba.

De vuelta a casa, comunicamos el hallazgo a nuestro hermano Gabriel, quien expresó su interés por recuperarla. Paupérrimamente pertrechados (una soga, un flotador de polietileno y una pata de cabra de carpintería) emprendimos lo que resultó una complicada y agotadora operación.

Casi dos horas de trabajo engorroso, lento, de inmersiones sucesivas, pues la pieza se hallaba firmemente aprisionada por el lecho oceánico; fue menester desprenderla cuidadosamente, con certeros golpes y palanqueo, para irla zafando, gradualmente, de la abrazadora y paciente obra del tiempo y el mar. Una vez liberada de sus ataduras naturales, intentamos izarla, empleando la soga y el flotador, pero este resultó insuficiente, debido al peso considerable de la reliquia, que le superaba ampliamente.

Después de infructuosos esfuerzos, decidimos turnarnos en arrastrarla por el fondo de arena hasta la orilla, donde diéramos pie y consiguiéramos cargarla. Con sumo cuidado lo ejecutamos, toda vez que, salvo el arganeo, quebrado accidentalmente el día de su descubrimiento, el ejemplar museable lucía intacto. Era de mediano tamaño, de caña larga y cepo corredizo, de las utilizadas por barcos de madera impulsados por el viento, a través de las velas. Quizás una goleta o un bergantín del período colonial (Lámina VII).

Lámina VII. Gabriel Navarrete junto al ancla.
Foto: El autor.

Gabriel, gran apasionado del mar y de la historia naval, la colgó como trofeo en la ventana de su alcoba matrimonial, ligándola a los barrotes que integraban su férrea armazón. Un intenso olor a océano impregnó la habitación por mucho tiempo, mientras demoró en secarse.

A su sombra, concibió a su primogénito Gabrielín. A los pocos días de su nacimiento, en 1974, detectó, azorado, un insólito detalle: la criatura tenía una mancha, cuya morfología era idéntica al ancla, en uno de sus bracitos (Lámina VIII). Quienquiera que la observase, identificaba, con precisión, al objeto marino en la extremidad.

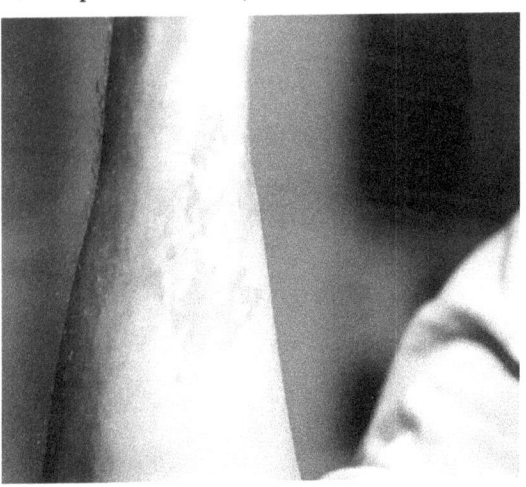

*Lámina VIII. Un ancla ya deformada, 50 años después.
Foto: Gabriel Navarrete.*

Nadie, hasta hoy, ha expuesto una explicación lógica, científica, o, al menos, razonable, al enigmático hecho. Y, al margen de especulaciones y disquisiciones sobre el particular, lo cierto es que el niño, engendrado a su sombra, portará, mientras viva, la impronta indeleble del ancla que un día su padre le arrebató, como secreto celosamente guardado, al proceloso y esotérico mar.

XIX.- La casa de Cañizo

En 1974, papá se mudó para Cañizo, caserío enclavado a un kilómetro al este de la playa de Caletón Blanco y a veintiocho al oeste de la ciudad de Santiago de Cuba. La vivienda, de sólida construcción (mampostería), piso de cemento pulido y techo de fibrocemento (Lámina IX), se situaba a escasos metros de la carretera costera, en el flanco oriental de un arroyo de curso intermitente, con estero abierto, por donde penetraban (sobre todo en horas de la noche) diversas especies marinas.

Lámina IX. La casa de Cañizo: frente y fondo.
Fotos: Gabriel Navarrete y el autor.

El terreno de la propiedad abarcaba unos dos acres de extensión, cercado con alambre de púas; al fondo, culminaba en la orilla del mar, cabe a una playita perteneciente a la gran rada de Cañizo (Lámina X). La permutó por la casa de La República, a un individuo llamado Evaristo Pozo —excombatiente del Ejército Rebelde— del que se afirmaba que, durante la guerra, quizás cumpliendo órdenes superiores, pasó por las armas en el área a un colaborador del gobierno de Fulgencio Batista, en la playa de Arena Menuda, distante poco menos de un kilómetro de la vivienda en cuestión.

Lámina X. Parte de la playa de Cañizo.
Foto: Gabriel Navarrete.

Según lugareños, lo malenterró en las proximidades de la discreta ensenada (donde detectamos un conchal aborigen, de presumible cultura preagroalfarera en 1975). Informaciones verbales señalan que la víctima respondía al nombre de Albio Pérez, a la sazón propietario de la finca Camaroncito.

La estructura contaba con un portal, un recibidor, sala-comedor, amplia cocina, tres dormitorios y un baño. Sobre el techo, disponía de un tanque para almacenar agua, la que se obtenía accionando una potente turbina eléctrica, que extraía el preciado líquido de un pozo propio, resguardado por una caseta de bloques de concreto y techo de placa, que fungía, además, como almacén. A la salida de la puerta trasera quedaba un rancho, provisto de fregaderos de cemento, a la sombra de un techo de láminas metálicas y un cuartico forrado también con dicho material, para guardar los aperos de labranza y otros útiles.

De día, la casa recibía el saludable efecto de las brisas salitrosas del mar; en la noche, el terral refrescaba, a veces, el caluroso ambiente, máxime en el tórrido verano. En el flanco occidental de la vivienda, quedaba una porción de terreno fértil, sembrado de plátanos, guineos (bananas) y fongos, en un relieve ligeramente inclinado hacia el estero del arroyo, el cual suministraba, subterráneamente, humedad y frescor.

Una tarde, papá aporcaba con el azadón las plantas, para remover la tierra y facilitar la recepción de oxígeno y de agua a las raíces. Inesperadamente, el instrumento chocó con un objeto duro, metálico, soterrado. Se detuvo e introdujo su mano con sumo cuidado. Fue aflorando, lentamente, una plancha de bronce, color verde oscuro, que exhibía letras impresas a alto relieve. Con rapidez, limpió de arcilla y adherencias la enigmática pieza, frotándola contra el viejo pantalón de trabajo. Lo que se revelaría ante sus ojos le dejaría sin aliento y abrumado por unos instantes: «G. NAVARRETE» y, debajo, «PROCURADOR». ¡Era su chapa credencial de procurador, que tenía empotrada en el frente de la casa de La República, antes de que la destruyera el misterioso incendio!

—¿Qué es esto? ¡No puede ser! —exclamó pálido y desconcertado—. ¡Corran, vengan acá! —gritó a viva voz.

Al instante, lo rodeamos intrigados. Cuando observamos con detenimiento la antigua placa, la identificamos rápidamente. Pero

¿cómo pudo llegar allí, a más de treinta y cinco kilómetros de distancia del enclave original?

Cuando el fuego arruinó totalmente la casa, en 1966, dejamos de verla. Hasta ese día, nunca más supimos de ella, por lo que, obviamente, la misma no formó parte de las pertenencias acarreadas en la mudanza. Entonces, ¿qué fuerza la trasladó al lugar? Lo desconocemos, cuestión que a la friolera de más de cuatro décadas permanece como un enigma por descifrar.

Por esos caprichos del destino, frente a la playa de Arena Menuda (donde se afirma que Evaristo llevó a cabo la ejecución anteriormente mencionada) en una curva de la carretera, aconteció un terrible accidente, donde perdieron la vida su progenitor y un hermano, al volcarse el camión en que viajaban, aplastados por los bloques de concreto que transportaban hacia la vivienda que edificaban en Cañizo.

Los que habitamos aquella morada escuchamos, con mucha frecuencia, entre nueve y diez de la noche, los pasos de una persona dirigiéndose hacia la puerta de entrada. En efecto, previamente extendimos desde la portería de acceso a la carretera hasta el portal, un caminito de piedras planas («chinas pelonas») recolectadas en la orilla del mar, contenidas en sus bordes por rocas de superior tamaño, incrustadas en la tierra, para que en los días de lluvia la gente no se enfangara los zapatos. Funcionaba adecuadamente el empedrado, pero caminar por él producía un sonido típico, inconfundible, crujiente.

Más de una vez lo oímos colectivamente. Siempre que el caminante nocturno arribaba a la puerta frontal, se detenía. Nos asomábamos por la ventana y nadie comparecía *in situ*, al menos, en el plano material, ocularmente perceptible. Se convirtió en algo tan común que cuando el evento tenía lugar ya no nos levantábamos de los asientos, comentando en voz alta:

«Ya llegó el visitante invisible». Solo dejamos de experimentar el recurrente fenómeno al permutar papá la vivienda por otra próxima al balneario de Caletón Blanco. A veces advertíamos sus pasos rondando el exterior del inmueble, a altas horas de la noche.

¿Se tratará, acaso, del espíritu del padre de Evaristo, regresando a la casa inconclusa de sus sueños, o del alma de Albio Pérez, tras la persona que liquidó su vida corporal en el paraje?

«Dama efímera, dama eterna»

Al poco tiempo de instalado en casa, papá descubrió un evento recurrente cada tarde en el extremo este de la gran rada de Cañizo. Y es que casi a diario acudía allí a un pesquero, enclavado en la parte superior, un tanto plana, de las múcaras que limitan por el oriente a la amplia playa.

Fue así como en una ocasión, al salir de su propiedad por la portería del sur para encaminarse hacia el anhelado objetivo, observó un espectáculo que lo dejó maravillado, y que como artista lo cautivó profundamente: la silueta de una mujer, claramente visible, plasmada en la áspera faceta parietal del bajo acantilado calizo (Lámina XI)

Lámina XI. "Dama Efímera", "Dama Eterna". Foto: Gabriel Navarrete.

Quedó unos minutos extasiado, absorto, contemplando el insólito evento, generado por una mágica combinación de luz solar y sombras en el muro natural. Roto el fascinante encanto, se trasladó al punto de pesca, donde permaneció por un par de horas, para luego retornar a su vivienda.

Al transitar de nuevo frente al escenario donde tuvo lugar el interesante avistamiento, se topó, sorprendido, con que la sombra había desaparecido; que aquella exposición resultaba verdaderamente fugaz, sujeta al movimiento de rotación planetario, cuestión que corroboró a diario en el mismo horario.

Motivado por su hallazgo, informó a su hijo Gabriel, a la sazón profesor de fotografía de la Facultad de Periodismo de la Universidad de Oriente, quien magistralmente congeló, en el tiempo, la interesante imagen con la excelente foto de Lámina XI.

«Efímera», por la corta duración del fenómeno representado en el paredón cársico; «eterna», si tomamos en consideración que el mismo se produce desde la culminación formativa de las rocas calizas costeras, atribuidas al periodo geológico Cuaternario (Era Cenozoica). A partir de ese momento, la «dama» ha sido testigo mudo del inexorable paso del tiempo; vio nacer y morir a generaciones de especies del litoral, las primeras incursiones humanas por su geografía, como silente vigía, observadora de todo nuestro acontecer histórico; y ahí estará por muchos siglos, mientras perviva enhiesta la pared natural que la refleja como misteriosa pantalla, a no ser que la inquieta mano humana modificadora acabe antes con ella. Quiera Dios que no suceda así.

XX.- COMUNICACIÓN DESPUÉS DE LA MUERTE

En 1978 falleció el tío Guillermo Pujol (hermano mayor de mamá) víctima de una embolia cerebral. Enterados con gran retraso, debido a que no disponíamos de teléfono en aquella época, tuvimos que reclamar el cadáver en la morgue del hospital Saturnino Lora. Luego de firmar los documentos del trámite, vestimos al difunto (se hallaba sin camisa) y lo remitimos a la funeraria Bartolomé de Santiago de Cuba.

Partimos entonces al distante Caletón Blanco a informar la triste noticia a su hermana Dorita, donde arribamos en horas de la madrugada. Una total oscuridad reinaba en el solitario paraje; el silencio solo lo interrumpía el estruendo de las olas al embestir la línea de la costa.

En medio de la penumbra comenzó a brotar lentamente la figura de la pequeña vivienda. Los ladridos del guardián, el corpulento perro Capi, advirtiendo la aproximación de un inesperado visitante, pronto se trocaron en gemidos de alegría al descubrir su identidad. Tras un suave toque, surgió la pregunta del interior:

—¿Quién es? —Era la voz de Dorita.

—Soy yo, mamá, ábreme —respondimos con celeridad para tranquilizarla. Entreabrió y asomó el preocupado rostro. Entonces expresó con marcado nerviosismo:

—Has venido a avisarme que Guillermo murió, ¿verdad?

Tras breve pausa, devolvimos la interrogación con sorpresa:

—¿Por qué dices eso?

—¡Ay, mi hijo! —exclamó—. Poco antes de tú llegar lo vi, sin camisa, observándome y fumando, como de costumbre. Cuando reconoció que capté su mensaje, se disolvió su imagen en el humo del cigarrillo.

Para mamá resultó evidente que su hermano la visitó para comunicarle personalmente su deceso (Lámina XII).

Lámina XII. Dorita y Guillermo en 1966.
Foto: El autor.

XXI.- La última cita de Capi

El inolvidable perro Capi (apócope de Capitán) nació en Cayo Damas, en 1973. Allí disfrutábamos de unos días de vacaciones de verano, invitado por nuestro hermano Gabriel, cuando la perra Laica parió debajo de la litera en que dormíamos. Ante la oferta de escoger un cachorrito, marcamos el que más nos atrajo la atención, con fuerte pintura roja en una de sus paticas, para, *a posteriori*, identificarlo. La pintura aplicada casi desapareció; apenas unas pálidas trazas validaron el propósito, un mes después.

Resultado del cruce de razas (pastor alemán con perro criollo) creció rápidamente. Descollaba por su fortaleza, su valor, inteligencia y lealtad. Cuidaba la casa celosamente. No permitía la entrada al patio de ninguna persona o animal.

Más de una vez le vimos pelear con varios congéneres al mismo tiempo y salir airoso en la contienda. El extremo opuesto a su nobleza suprema lo caracterizaba una furia, combatividad y arrojo temerarios. Acompañaba y protegía a los viejos en medio del aislamiento en que vivían. Significaba una confiable garantía su presencia, como una especie de ángel de la guarda para ellos.

En cierta ocasión, papá ingirió unos cuantos tragos de más y, envuelto en la vaporosa euforia, decidió nada menos que lanzarse al mar para pescar submarino. Dando tropezones y tambaleándose, por falta de equilibrio, tocó las rocas calizas del litoral. Para incrementar el peligro, la mar picada arrojaba andanadas de encrespadas olas que se estrellaban con furia contra la ribera.

Estaba solo. Únicamente su inseparable perro le miraba preocupado en su proyecto de locura. El fiel animal empezó a gemir, como advirtiendo una posible catástrofe en ciernes; pero él, completamente ebrio, le regañó, ordenándole, enfáticamente, «que se fuera para la casa, a cuidar a la vieja».

El sagaz Capi simuló una retirada, y aguardó oculto entre matorrales. En tanto papá, con el equipo de caza submarina, se lanzó a las agitadas aguas, que le vapuleaban de aquí para allá. Debido al exceso de alcohol, que embotaba sus sentidos y, por consiguiente, su capacidad de razonar, pronto se desorienta en el turbulento elemento. Ya no sabía hacia dónde nadaba. A partir de entonces, resultó presa de la desesperación. La careta se inundó y tragaba agua, cuando, para susto mayor, una boca, con puntiagudos dientes, lo arrastraba por la espalda, jalándole por el suéter de algodón.

«¡Me comió un tiburón!», pensó al instante.

Con tremenda dificultad, giró el cuerpo para intentar reconocer al atacante y, si posible, encajarle el mortífero arpón. Pero ¡oh, sorpresa!: el leal animal, al verlo sucumbir, se tiró al agua y lo remolcaba ahora rumbo a la orilla, la cual treparon, con esfuerzo, escapando de un peligro mortal.

En esa jornada, narrada *a posteriori* por papá sobriamente, Capi salvó su vida como un ángel guardián.

El maravilloso perro reconocía la motocicleta a increíble distancia, captaba nuestra presencia en la lejanía con asombrosa precisión; no fallaba en la identificación del ruido de la moto. Nos esperaba cada viernes con ansiedad, pues disfrutaba, a plenitud, los baños que compartíamos en una poceta que el propio mar labró. Esta actividad la desarrollábamos, casi invariablemente, los fines de semana. Cuando nos veía en traje de baño, volaba delante, gallardo, feliz, hacia el particular sitio.

Joven aún, enfermó de cáncer; no obstante, prosiguió cumpliendo con sus deberes de salvaguardar la casa y la familia. Un tumor, desproporcionado, brotó entre el tronco de la cola y el lomo. Nunca rechazó la invitación a tomar un chapuzón. Pero la terrible enfermedad ganó terreno. Sangraba mucho; perdía masa corporal y se quejaba lastimosamente.

Una mañana, la descomunal bola reventó. Gritaba de manera desgarradora. Mamá lloraba e intentaba animarle con tiernas caricias y palabras dulces. Papá no soportó más aquella interminable agonía. Agarró un pesado tubo de hierro galvanizado y, con el corazón oprimido, lo descargó con fuerza dos veces contra el cráneo del infeliz animal. Minutos después, cesaron sus movimientos. Cargó el inanimado cuerpo hasta la orilla del mar (en vida su lugar predilecto) y, tras un «adiós, Capi, adiós, amigo», lo arrojó a las aguas y retornó a casa, donde triste aguardaba mamá.

A la siguiente semana, los visitamos. La amarga noticia causó pesar y consternación. Lo vimos nacer, pero no partir. Al caer la tarde, optamos por proporcionarnos el acostumbrado baño en el «boquetico» (como también denominábamos a la piscina natural). En ese preciso momento, extrañamos más al inolvidable Capi. Contemplábamos nostálgicos cómo irrumpía el salino líquido a cada golpe de ola, porque la oquedad estaba por debajo del nivel del mar y actuaba como una trampa; una vez que un objeto (madera, plástico, algas y basura en general) penetraba allí, ya no lograba salir. A través de una canaleta surtidora, de apenas unos treinta centímetros de ancho, fluía el agua, empujada por las olas. Cuando descendía la marea, aquello quedaba casi seco.

Al sentarnos en el lecho rocoso, irrumpió el primer torrente y, con él, nos cayó encima un pesado e imprevisto bulto peludo. Aterrado, lo asimos al instante que nos incorporamos de un tirón. ¡Era la cabeza de Capi! Pero ¿cómo es posible, si papá lo depositó una semana atrás en el océano, a media milla de distancia? Además, si la cabeza del perro, por alguna razón, se disgregó del resto del cuerpo, ¿cómo flotó? ¿De qué manera coincidió nuestra incursión en la poceta con su entrada en ella? ¿Qué mágico e inexplicable sincronismo de tiempo-espacio se suscitó ahí? Lo desconocemos y deseamos que alguien lo descifre o dilucide.

Trémulo y nervioso, agarramos la pesada testa del entrañable animal y la portamos al hogar de nuestros progenitores, quienes preguntaron:

—¿Qué pasa, hijo?

—Nada, que se me precipitó encima la cabeza de Capi al momento de introducirme en la poceta.

—¿Cómo es posible, si tu papá le echó completo al mar hace una semana?

—No lo sé, mamá, pero Capi me esperó, como de costumbre, para darnos juntos el semanal baño de mar. Aquí está su cabeza, me cayó arriba con el primer golpe de agua; la voy a enterrar en el patio.

Deprimido y apesadumbrado, caminamos hacia la guásima enhiesta al este, en la propiedad. Cavamos con ahínco en el sólido terreno coralino. La cubrimos con el material extraído. Regresamos a la vivienda con una firme convicción: el querido y fiel amigo acudió puntual a su postrera cita.

XXII.- El escorpión negro

Aquel viernes, avanzada la noche, llegamos a la casa de Caletón Blanco. Papá, siempre dispuesto a pescar, contaba con la indispensable carnada, capturada durante la semana. A pesar de lo tardío de la ocasión, partimos rumbo a la playa de Cojímar, enclavada a poco más de dos kilómetros al oeste del punto de residencia. Nos movilizamos en la vieja motocicleta C-Z y seleccionamos un área conveniente para arrojar los cebos.

A la luz tenue de un farolito de queroseno, colocamos los avíos e iniciamos la faena. Ante la ausencia de picadas, nos enfrascamos en una animada charla, que cada vez incluía más temas. En realidad, lo que estaba funcionando era el «plan B»: si no pescamos, descansamos contemplando el mar, el firmamento y todo el entorno natural.

Transcurrió el tiempo sin novedad. Decidimos echarnos sobre la arena, mezclada con ligeros guijarros marinos, para deleitarnos con un fantástico «baño de estrellas» y, a la vez, proporcionar algo de descanso a la adolorida espalda. Al apoyar el brazo izquierdo en la granulosa superficie, recibimos un ardiente y paralizante aguijonazo.

—¡Ay, ay! —exclamamos, llevando el miembro ileso al dañado.

—¿Qué te pasó, hijo? —preguntó papá.

—Toma, busca con el farol.

Registramos palmo a palmo el área que ocupábamos. De repente, su desplazamiento por las pequeñas piedras originaba un ruidillo que le delató: avistamos un enorme escorpión negro que se internaba en una estrecha ranura, por debajo de una gran roca encajada en el terreno. Infructuosamente intentamos capturarle. Incrustamos incluso los cuchillos de pesca por las fisuras o intersticios que exhibía cada faceta de la piedra en que se refugió, pero escapó sin remedio.

La paralización momentánea del brazo paulatinamente disminuyó. El punto de la picadura se tornaba morado; finalizó el mareo inicial y nos sentimos en condiciones de retornar a casa, dando por concluida la frustrante pesquería.

Mamá se inquietó con lo acontecido y aconsejó que acudiéramos al médico, pues la extremidad se amorataba aceleradamente en la zona en que penetró la ponzoña del escorpión y vertió su contenido tóxico. Por suerte, la cosa no trascendió a mayores consecuencias y el domingo, en la tarde, nos despedimos y partimos hacia la ciudad de Santiago de Cuba.

Cuando arribamos a casa, Mariblanca indagó visiblemente preocupada:

—¿Estás bien, Ramón?

—Claro, amor, ¿por qué no habría de estarlo?

—Es que tuve un sueño malo contigo —respondió.

—¿Y qué soñaste?

—Verás: fuiste a pescar con tu papá a la playa. Corría el tiempo y no picaban; entonces te recostaste en la arena para descansar un poco la espalda y recibiste el aguijonazo de un gran alacrán negro en tu brazo izquierdo. Diste un grito y te levantaste. Solo consiguieron verle cuando se introducía por unas rajaduras que mostraba una roca enterrada muy cerca. Trataron de sacarle del escondrijo, sin éxito.

Quedamos perplejo, anonadado con lo por ella soñado, así como por los nítidos e inequívocos datos y descripciones expuestos. Entonces, alzamos la manga de la camisa y exhibimos el sitio afectado.

—No puede ser, Ramón, ¡idéntico al sueño!

Al hematoma violáceo se sumaba ahora una bolita de pus. En realidad, no dolía. Al tercer día, exprimimos el tumorcillo en forma de pelotica y explotó, expulsando un material viscoso, un poco maloliente. Sanó por completo y el brazo retomó su coloración normal.

¿Cómo explicar este sueño tan preciso y verídico?

Teóricos del espiritismo sostienen que, al dormir, el alma se desprende del cuerpo y lo abandona temporalmente, trasladándose a voluntad incluso a lejanas distancias. Esto, tal vez, pudo ser lo acontecido a Mariblanca, de tal suerte que, *a posteriori*, narró el episodio de forma vívida, con un nivel de exactitud solo dable a quien ha sido testigo ocular, cuando, en realidad, aquella noche dormía a decenas de kilómetros del lugar de los hechos. Como señala el doctor Louis E. La Grand en su interesante libro *Mensajes de alivio: Comunicación después de la muerte* (2001):

«Aunque todavía se deben documentar en un marco de laboratorio, también se ha reportado los sueños precognitivos por parte de individuos que no tenían conocimiento previo del evento o la información que recibieron. El punto es que los sueños son claramente una forma viable de recibir toda clase de información».

XXIII.- Platillos voladores en los cielos de Caletón Blanco

Transcurrían los primeros meses de 1987. Esa noche llegamos temprano a la casa de nuestros padres en Caletón Blanco. Después de cenar, planeamos ir de pesca con Mariblanca en el mucaral enclavado al final de la propiedad, en una discreta entrada de mar de antaño conocida como Pesquero de Eulogio. Ahí papá solía capturar pargos, cabrillas, mojarras de piedra y cazones, entre otros peces.

Ramoncito (Monchito) tenía un año y medio de nacido; Román, apenas unos cuatro meses. Ambos quedarían al cuidado de sus abuelos en la vivienda, dispuesta a unos sesenta metros del pesquero.

Alcanzamos el punto con mucho entusiasmo. La noche era cerrada, sin luna; la mar en calma y tranquilidad total. Lanzamos los cordeles a unas aguas que parecían tinta, esperando ansiosamente por la picada, pero pasaba el tiempo y no tocaban la carnada.

Nos sentíamos relajados, disfrutando de la quietud, la brisa nocturna y del sonido de las olas que suavemente chocaban con el litoral. De la contemplación del apacible y oscuro cielo, se derivó una inquietud en Mariblanca que compartió con nosotros:

—Ramón, ¿no ves una claridad detrás de aquella nubecita, como si allí se ocultara la luna? Serían alrededor de las once. Ya a esa hora por la zona no volaban aeronaves, ni civiles ni militares.

Recorrimos visualmente la bóveda celestial con detenimiento. En efecto, hacia el ENE se apreciaba una nube que arropaba algo tras sí, dotado de luz propia. Al no encontrar explicación lógica al fenómeno, expresamos:

—Puede ser que se refleje en ella la luz emitida por la ciudad de Santiago de Cuba, o quizás sea la proyección de un potente foco de algún barco. —Mariblanca ripostó:

—No se trata ni de un avión ni de un helicóptero, pues a esta hora por aquí no transitan; tampoco lograrían sostenerse tanto tiempo inmóviles, silentes, suspendidos en la misma posición. Además, fíjate en que la iluminación es de arriba hacia abajo.

La solidez del elemental razonamiento nos conculcó a tomar más en serio a la manifestación luminosa que se desarrollaba a menos de un kilómetro frente a nosotros, pero, para calmarla, instamos:

—Bueno, deja eso, no te mortifiques, enfócate en la pesca.

La misteriosa luz se mantenía firme, estática, detrás de la nube. Ya no conseguíamos concentrarnos en la actividad. Aparte de que no picaban, nuestros sentidos y atención los acaparaba, por completo, lo que acontecía, sin cambio, a escasa altitud.

Cuando menos lo imaginábamos, la fuente de energía abandonó el escondite, revelándose como un extraño foco de luz, predominantemente anaranjada, de contorno circular, que empezó a desplazarse hacia donde nos situábamos en ese instante. Inmediatamente, se activaron otras dos luces similares que, en formación, avanzaban veloces, silenciosas. No escuchamos, en ningún momento, ruido de motores, ni de turbinas, hélices o propulsores.

En un abrir y cerrar de ojos las teníamos encima. Fue entonces cuando su morfología se mostró claramente: tres enormes discos (de unos veinte metros de diámetro cada uno) con remate en forma de cúpula en su porción superior, cuasi plana la inferior, flotaban en el lúgubre cielo. Uno de ellos, de repente, descendió hasta la superficie del mar, y, con un potente reflector, iluminó sus aguas, como si fuera de día.

Distinguimos, nítidamente, en lo que viene a conformar la cintura o ecuador del objeto volador discoidal, la presencia de ventanillas rectangulares en secuencia, circundando la nave. La estructura exterior se manifestó sombríamente, a tras luz. Parecía exhibir como grandes remaches y uniones (Lámina XIII).

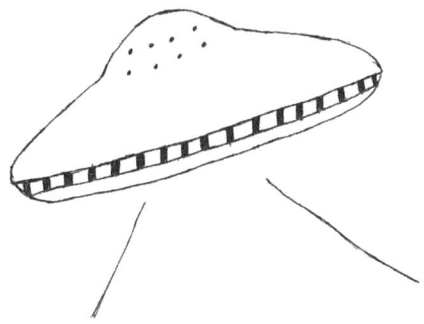

Lámina XIII. Esquema de los platillos voladores de Caletón Blanco.

Deslumbrado por el insólito espectáculo, procuramos captar y retener en la mente cada detalle, pues, en ese momento, no disponíamos de cámara fotográfica ni filmadora. Mariblanca, muy nerviosa y alterada, comenzó a halarnos por el brazo.

—Vamos para la casa, corremos peligro, nos pueden secuestrar —decía entre tirón y tirón. Aunque los ojos deseaban permanecer clavados en la extranormal visión, las piernas obedecieron, dejándose conducir por la sabia decisión de nuestra esposa.

—Apúrate, Ramón, mira que si nos capturan los niños quedarán sin padres, ¡inocentes criaturas!

Llegamos a la casa en estruendoso tropel. Los viejos abrieron asustados, preguntándonos insistentemente:

—¿Qué sucede?, ¿por qué tanto escándalo?

—¡Hay tres platillos voladores sobre la casa! —afirmamos sin aliento, exhaustos.

En breve, alistamos faroles y linternas y, transcurridos unos minutos, nos trasladamos afuera, con los rostros enfocados hacia lo alto, escrutando palmo a palmo el oscuro cielo, inútilmente: se habían marchado, sin dejar rastro. Efectuamos un último esfuerzo y caminamos hasta el pesquero, pero tampoco divisamos nada. Retornamos al hogar y trancamos las puertas, aún con el músculo cardíaco palpitando aceleradamente.

Ya sosegados, papá comentó que unas noches previas solicitó a mamá que corroborara su avistamiento de unas luces redondas, silenciosas, color naranja, que surcaban el espacio por sobre la vivienda, rumbo a las estribaciones de la Sierra Maestra (extendida por docenas de kilómetros, paralelas a la costa) donde descendieron entre sus montañas.

Por esa fecha, esa porción del sureste de Cuba constituía una adecuada zona para el trasiego y exploración de cualquier tipo de aeronave, debido a la vastedad del territorio, con baja densidad demográfica y poco transitada, sobre todo en horas de la noche.

Finalmente, no creemos haber sido testigos excepcionales del impresionante evento brevemente descrito. Alguien más debió advertir el insólito espectáculo. Recordamos cómo los botes que faenaban mar adentro emprendieron, en caravana, una estampida en retirada rumbo al puerto de Santiago de Cuba, como escapando de un fenómeno anómalo en el cielo.

Los medios informativos (propiedad exclusiva del estado) no reflejaron nada al respecto.

XXIV.- Rincón Santiago

Corría el año de 1988 y desempeñábamos una investigación arqueológica en la comarca de Sevilla, municipio Guamá, por la Unidad de Protección al Medioambiente del parque Baconao, junto a nuestro amigo y colega, el licenciado Jorge Bretones. Acampamos en la extensa playa de Sevilla, dentro de la —por entonces— propiedad de la señora Blanca La O, viuda de Cebereco, general del Ejército Libertador cubano, quien nos colmó de atenciones que siempre agradecemos.

La investigación incluyó la revisión de otros puntos costeros colindantes, a fin de intentar disponer de una mayor visión global del pretérito trasiego humano por su geografía. Por esta razón, una vez finiquitada la tarea trazada como meta en la playa de Sevilla (donde detectamos un sitio arqueológico con huellas de transculturación indohispánica) emprendimos la exploración del tramo costero extendido al este de la punta Amarilla.

Bretones quedó en el campamento, a cargo de diversos menesteres, en tanto partimos paralelo a la costa, hacia el oriente. Después de pasar por el conchal Sevilla II, que descubrimos en 1973, ascendimos una cuesta que corona la referida punta, para seguidamente descender por una cresta ondulada y llegar a una discreta playuela, donde localizamos claras trazas de una antigua presencia indocubana, sobre todo restos alimenticios de origen marino. Predominando los moluscos gasterópodos, de apariencia muy antigua, totalmente decolorados y exhibiendo la típica perforación semiesférica practicada por el aborigen, para extraer la parte carnosa comestible, en la tercera vuelta del ápice del caracol. Registrado el nuevo residuario y documentado fotográficamente, ampliamos la pesquisa al norte, en un vallejuelo inclinado hacia el mar.

A poca distancia, avistamos un anonal, cuyas matas revelaban gran vejez, pero excelente productividad, como indicaban las abundantísimas aromáticas frutas que colgaban de sus gajos. Atrajo la atención el montón de ellas caídas, podridas en el suelo. ¿Sería posible que nadie las recogiera, con tanta necesidad alimentaria en la región y en todo el país? Incomprensible. Acopiamos las maduras para conducirlas al campamento. Avanzábamos contento por entre las copiosas plantas, que concedían densa sombra y perenne frescor al enclave; de súbito, experimentamos la angustiosa sensación de no ser bienvenidos y de estar vigilados, a través de las alarmas extrasensoriales.

Un soplido helado nos enfrió la nuca, estremeciéndonos y paralizándonos por unos segundos. Comprendimos que teníamos compañía, aunque nuestros azorados ojos no captaran ningún cuerpo físico *in situ*. Un raro rumor se escuchó; las matas de anón se movían de manera anormal, sin viento. La estadía allí se tornó oprimente. No solicitamos más señales. Soltamos las frutas y emprendimos una veloz carrera a la costa, sin mirar atrás.

Desembocamos en el angosto trillo que conecta con el punto de partida, lo seguimos sin aflojar la velocidad, pues por largo trecho tuvimos la impresión de que nos perseguían. Subimos y bajamos cuestas, y, «en menos de lo que canta un gallo» tocamos la cima, cuyo descenso concluiría en el extremo este de la playa Sevilla. Aquellos minutos de ansiedad parecían milenios. Jadeante, sudoroso y exhausto, entramos al campamento. Jorge, al vernos, preguntó:

—¿Qué te pasa, Ramón? Te noto descompuesto y alterado.

—Nada, Jorge, he caminado mucho y estoy sediento y agotado —respondimos. Bebimos agua y, tras unos minutos de reposo, fuimos a la playa, donde disfrutamos de un chapuzón restaurador.

Por la noche, finalizada la frugal cena, visitamos a Blanca. Nos invitó a una cálida taza de café. Comentamos sobre el recorrido y de la solitaria playita.

—¿Cómo se denomina ese sitio? —indagamos. La amable anfitriona contestó:

—Rincón Santiago.

—Por cierto, localizamos un vasto campo de anón abandonado, a pesar de mostrarse cargado de frutos. —Ella permaneció pensativa un instante y a continuación, aseveró:

—Ese lugar tiene un problema...

—¿Y cuál es, si se puede saber? —interrogamos saboreando el café.

—Mire, ahí todos los que habitamos por estos lares dejamos de acudir porque aquello está embrujado —sentenció con firmeza.

—¿Por qué usted dice eso, Blanca? —expresamos más que motivados.

—Porque cualquiera que lo transite se espanta por alguna razón. Por ejemplo, mis muchachos y otros vecinos aseguran que, de noche, en la playita, han escuchado que se aproxima un bote de remos a la orilla; aprecian claramente el golpe de la pala de madera contra el agua, el sonido del atraque y desembarco, entonces alumbran hacia el punto y no hay nada ni nadie. Enseguida oyen el ruido de monedas precipitándose sobre la arena, copiosamente, como lluvia de granizo. En ese instante, perciben el faenar de una embarcación invisible que se aleja, mar adentro. Por ello, como usted comprenderá, la gente teme grandemente acercarse al lugar. —Luego prosiguió—: Aquí existe la firme creencia de que el embrujamiento obedece a que en esa área hay una fortuna antaño enterrada, que es custodiada celosamente por los espíritus de sus antiguos propietarios, los que, en su afán de conservarla oculta, expulsan al que ose incursionar en sus predios, empleando, para ello, los más diversos métodos intimidatorios, que pueden llegar, incluso, a la agresión corporal.

Quedamos en una pieza con la narración expuesta. Inferimos que lo experimentado aquel día en Rincón Santiago no constituía una novedad especial. Simplemente se nos concedió la oportunidad de captar un fenómeno bastante común. No estaba loco ni obsesionado. Los sentidos extrasensoriales actuaron correctamente, como guardianes insomnes, detectando la asistencia de una energía espiritual, verdaderamente aterradora, ante la cual solo atinamos a escapar a la mayor brevedad. Téngase en cuenta que el sujeto afectado ignoraba por completo los reportes de eventos paranormales previos suscitados en la zona, y que se encontraba disfrutando de un momento de paz, psicológicamente positivo y muy agradable.

XXV.- LA MORENA DEL «OQUENDO»: UN VERDADERO MONSTRUO MARINO

Nos lanzamos al mar a principios de la década del 70, para pescar submarino con nuestro hermano Gabriel, en la playuela oriental que limitaba el terreno ocupado a la sazón, por los queridos amigos Miguel Ángel Cabrera y Clara Rivera, en la zona de El Cuero, actual municipio Guamá.

El sol lució su esplendor aquella mañana de verano y penetraba en las quietas aguas, permitiendo gran visibilidad, con la que apreciábamos los más mínimos detalles del fondo marino.

Nadamos hacia el sur, hasta alcanzar el sebadal; entonces torcimos el rumbo al este, para revisar los restos del crucero acorazado español Almirante Oquendo (playa de Juan González), refugio propicio para la vida y proliferación de especies, cuyo hábitat son las rocas y naufragios, ricos en covachas y grietas, a salvo de buena parte de los voraces depredadores.

La destacada transparencia de las aguas facilitó captar muchos detalles del histórico pecio, por lo que no deseábamos movernos de allí; en tanto Gabriel se dirigió a lo profundo, alejado del reguero de escombros metálicos, atrapados por corales y otros organismos oceánicos.

Pronto, el disfrute visual enajenante que gozábamos, lo interrumpió la repentina intrusión de una inaudita presencia, procedente de los orificios existentes en la parte media del arruinado navío:

una enorme morena, color marrón, que cruzó entre los restos, de este a oeste, para perderse en el interior de otro hueco, amplio y oscuro.

Sorprendido por tan aterrador como insospechado inquilino, nos estremeció un escalofrío intenso. El monstruo exhibía una longitud y un grosor, que nos recordó a un poste de madera de los que sostienen el cableado eléctrico de las ciudades. Aquello podría haberse apoyado cómodamente en su cola y atraparnos en la superficie sin dificultad, sin tener que nadar.

Se conoce que la manga del barco era de 19,9 metros, lo que nos sirvió de referencia comparativa para justipreciar su descomunal tamaño. Reflexionamos entonces, que en más de dos décadas de experiencias submarinas no contemplamos nada igual, ni siquiera parecido. Incluso Gabriel, que superó los treinta años practicando este tipo de pesca en los fondos marinos de muchas regiones de Cuba —incluyendo las dilatadas cayerías— jamás confrontó un fenómeno similar, comentando que, principiando la década del sesenta, en la playa de Verracos (costa este de Santiago de Cuba) eliminó una agresiva morena verde que pesó 32 libras y que rondaba los dos metros de cabeza a cola.

Vale decir, que, hasta donde hemos averiguado, las morenas tropicales rara vez alcanzan los cuatro metros de longitud, pero la del «Oquendo» rebasaba, con creces, el doble de esa medida. Sentimos pavor al recordar que tan solo unos minutos previos inspeccionamos esos mismos boquetes (algunos producidos por impactos de proyectiles norteamericanos durante la batalla naval) sin imaginar la existencia de un animal que parecía resucitado de un libro de paleontología, por sus ciclópeas dimensiones, y que, gracias a Dios, no acabó con nosotros.

Otro reporte de una morena extraordinaria proviene de finales del decenio del sesenta, en un fondo rocoso, situado entre la playa de Mar Verde (al este) y la de Rancho Cruz (al oeste). Nuestro primo hermano, Guillermo Pujol Canet, pescando con el ya fallecido ingeniero Luis Rivas Fernández, advirtió, azorado, cómo una serpiente marina, que califica como descomunal, abandonó su refugio para devorar, de un bocado, a un pargo herido por arpón, de unas seis libras de peso. Estima que el ofidio sobrepasaba, ampliamente, los tres metros, y que debió pesar cerca de los 30 kilogramos.

¿Existirá, acaso, una especie de morena gigante en El Caribe?

¿Será que, en ciertos hábitats, excepcionalmente dotados de nutrientes, estas serpientes marinas desarrollaron un tamaño muy superior al atribuido a la especie?

¿No habrán sido registradas, con suficiente amplitud o exhaustividad, las tallas de las morenas del área?

¿Se tratará de un ejemplar críptico?

Pero todas estas interrogantes —y otras que podrían sumarse— resultan, por el momento, muy difíciles de solucionar. Confiamos en que las investigaciones futuras despejen, a cabalidad, estas incógnitas.

XXVI.- Terror nocturno en la casa de Caletón Blanco

Los viejos se acostaron temprano, después de ingerir la cena. Dormían profundamente, cuando mamá recibió un escalofriante soplido sobre su nuca, que, junto a una sacudida de su cama, la despertó sobresaltada. Abrió los ojos y, ante ellos, comparecían unas rejas con barrotes verticales que, por supuesto, en el mundo físico no existían. Extendió su mano derecha e intentó tocarlos, pero solo atrapó el vacío.

De pronto, el rejado se ofrecía ahora, ante ella, horizontalmente. Repitió la misma operación sin éxito. Desesperada, llamó a viva voz a papá:

—¡Gabrielito, Gabrielito!, ¡ven acá!

—¿Qué pasa, Dory?

—¡Está desarrollándose un fenómeno muy extraño! —aseveró. Acto seguido, papá comenzó a temblar; no lograba articular palabras, únicamente sonidos ininteligibles. Procuró incorporarse, mas no pudo; se hallaba paralizado. Mamá, percatándose de la situación anómala, persistió llamándole, pero este, contraído, poseído por una energía invisible, emitía gruñidos y su actitud se tornaba alarmante.

Impedidos de levantarse de sus lechos, de moverse, avasallados por un poder desconocido, a la postre fue mamá la que, por su inquebrantable fe, rompió el encanto, poniéndose de pie y accionando el interruptor de la luz, se dirigió presurosa hacia la sala, en cuya camita yacía papá, trémulo y sudando copiosamente. El reiterado clamor de su esposa le hizo reaccionar.

—Dory, ¿qué ocurrió? —expresó atolondrado.

—Algo sumamente esotérico —afirmó la vieja, agregando—: ¿Estás bien, Gabrielito?

—Sí, Dory, ahora es que puedo ver.

—¡Gracias a Dios! —exclamó mamá, respirando profundo.

Parece que aquella noche, la casa resultó súbitamente invadida por energías negativas, que dominaron, transitoriamente, la voluntad y la conducta de sus moradores.

XXVII.- La mano

A principios de la década del noventa del pasado siglo, iniciamos la excavación del sitio arqueológico Caimán Chico, junto a los manglares de la zona de marismas, al fondo de la bahía de Santiago de Cuba.

Armamos campamento próximo a una vaquería; allí cocinábamos y almacenábamos los materiales extraídos del yacimiento, junto a los equipos y pertenencias de los investigadores del Centro de Biodiversidad y Ecosistemas de la Academia de Ciencias de Cuba, que radicaba en el museo Tomás Romay de Santiago de Cuba. La jornada laboral comenzaba a las ocho de la mañana y finalizaba a las cuatro de la tarde.

Como nuestros compañeros vivían en la ciudad, retornaban a sus hogares hasta el siguiente día. Por residir en el reparto El Modelo, distante del residuario aborigen, todas las noches quedábamos en solitario *in situ*, de lunes a viernes, con una escopeta de caza, de dos cañones, calibre doce, propiedad del jefe del departamento, el licenciado Jorge Trapero, descubridor del enclave arqueológico.

El personal de la vaquería se marchaba a las cinco de la tarde y regresaba al siguiente día en la madrugada, para el ordeño.

El tiempo transcurría tranquilamente hasta una noche, en que, al filo de las diez, experimentamos una visión aterradora. En efecto, en la casa de campaña no lográbamos conciliar el sueño por el agobiante calor. El silencio era total, a veces roto por el mugido eventual de alguna trasnochada vaca. Desde su interior, contemplábamos, a través de la ranura de su entrada, una noche clara y serena, salpicada de estrellas.

Insospechadamente, de pronto advertimos, con extraordinaria nitidez, que una mano blanca, con un anillo de oro, exhibiendo una gran piedra central roja, se introducía lentamente por la abertura. Sin dilación, asimos, con fuerza, la escopeta y, apuntando hacia el presunto invasor, nos lanzamos fuera, profiriendo algo así como un nervioso grito de combate.

Pensábamos que chocaríamos con el intruso, mas no estaba. Entonces, rodeamos la artificial estructura, infructuosamente; aquello se hallaba completamente desolado. Inspeccionamos la explanada adyacente, sin éxito.

Agotada la búsqueda, regresamos al punto un rato después, desconcertado, pero con la absoluta certeza de que esa noche nos visitó un espíritu curioso, al parecer interesado en averiguar el motivo de nuestra presencia en el área.

XXVIII.- Sucesos extra normales en Boca de Cabañas

Boca de Cabañas es una pequeña bahía de bolsa, enclavada muy próxima —a cuatro kilómetros al oeste— de la de Santiago de Cuba. Por sus condiciones ecológicas, conforma un hábitat privilegiado, espléndido; un excelente reservorio natural —debido a la amplitud de los manglares de sus orillas— para la vida y proliferación de una amplia gama de especies: botánicas, de mamíferos terrestres, peces, crustáceos, moluscos, reptiles, quelonios y aves, entre otros.

Durante el periodo colonial, Boca de Cabañas fue ocupada militarmente por los españoles de forma permanente, fortificándola sólidamente para su defensa. Al efecto erigieron, en la margen oriental de su entrada, dos recios baluartes; uno en la cota superior, denominado batería de Someruelos, y la batería baja de Cabañas.

Por años, frecuentamos la zona con familiares y amigos, para colectar almejas y cangrejos, en la margen occidental de su entrada, y para pescar —al cordel o submarino— en la oriental.

En 1982 localizamos restos —escasos y fragmentarios— de un asentamiento aborigen, de cultura agroalfarera, junto al derruido fuerte español. Rescatamos material cerámico vestigial, así como otras evidencias de la pretérita presencia indocubana en el punto, que entregamos al doctor Felipe Martínez Arango, quien fuera profesor fundador de la Universidad de Oriente y de su Museo de Arqueología Aborigen de la Universidad de Oriente, en Santiago de Cuba.

Cuando en 1987 tomamos una semana de vacaciones, optamos por acampar por un mínimo de cuatro días en la margen este de la pintoresca bahía de Cabañas. Nos acompañaron el ingeniero Leonardo Alegre y su esposa Chavela.

Arribamos al punto desbordados de entusiasmo y armamos las indispensables tiendas de campaña. Cayó la noche y echamos un rodeo para intentar atrapar cangrejos terrestres, pero la luna llena frustró el propósito al delatarnos a distancia. Partimos entonces a pescar al cordel desde el mucaral.

Transcurría el tiempo y no picaban. La escasa carnada se agotaba, por lo que nos movilizamos hacia el levante de la bahía, para capturar, a machete, algunas «chopas», peces pequeños que se procrean en unos pozuelos del «diente de perro», surtidos por el oleaje en las altas mareas.

Monchy y Román dormían en el interior de una casa de campaña, chequeados constantemente por Mariblanca. Alegre y Chavela permanecieron también en el pesquero.

Nos alejamos centenares de metros en el espacio geográfico comprendido entre ambas bocanas de bahías. Inesperadamente, escuchamos un lamento, el gemido desgarrador de una mujer que clamaba en la oscuridad. Realmente, era tenebroso, anómalo y helaba la sangre. En medio de la soledad, analizamos que en el paraje no existían casas; estaba deshabitado a la sazón, por lo que nos preguntamos:

¿Quién emitiría entonces aquel sonido espeluznante? Probablemente se trataba de una psicofonía.

Nos decantamos por acercarnos al campamento. Avanzábamos a paso rápido, pero al arribar al antiguo fuerte, distinguimos una sombra, además de la propia, proyectada en el muro exterior. Su estatura sobrepasaba la normal ampliamente. Conformaba la inconfundible estampa de un conquistador español del siglo XVI, con el casco (morrión metálico) típico. Miramos alrededor buscando al anacrónico personaje, pero el área se mostraba completamente desolada; no obstante, la inexplicable silueta continuaba reflejada en la pared.

Corrimos hacia el campamento y preguntamos, todavía distantes:

—¿Todo bien por allá? —Contestaron afirmativamente.

Como no picaban nos retiramos a dormir, desganados, pesarosos, desilusionados. Al filo de la medianoche, sentimos una numerosa tropa marchando en dirección nuestra. Aguardamos expectantes, alertas, advirtiendo que los infantes se acercaban cada vez más. Cuando parecía inevitable que se nos echaran encima, pues la arena que desplazaban sus botas se precipitaba con fuerza sobre el costado de lona de la tienda, salimos con los faroles; tan solo percibimos el silencio de la noche de plenilunio. Intercambiamos desconcertadas miradas.

—¿Dónde están los soldados que casi nos aplastan, Ramón? —indagó Alegre azorado.

—No lo sé, y eran muchos —respondimos.

Inspeccionamos visualmente la explanada ocupada por el arruinado baluarte. Reinaba el vacío. Quedamos paralizados, sedientos de respuestas. Las mujeres se sumaron asustadas. El episodio resultaba inconcebible. Permanecimos fuera, de pie, esperando por los primeros rayos solares.

Poco a poco se esclarecieron las cosas. El primero en revelar sus vivencias fue el amigo Alegre:

—Anoche, cuando usted partió por carnada, escuchamos el lamento escalofriante de una mujer. Por mucho que chequeamos no localizamos a nadie. Mariblanca revisó los niños y dormían profundamente —aseveró con firmeza. Luego prosiguió—: Solicité que lo buscara donde procuraba la carnada. Al enfilar el paredón de la antigua fortificación, advertí una extraña sombra junto a la mía; se trataba de un individuo muy alto, con casco metálico, de esos que emplearon durante la conquista española de Cuba. Observé alrededor y no asistía nadie, por lo que corrí veloz hacia el campamento y no lo informé. Más tarde, al esforzarnos por dormir, un batallón de soldados invisibles se nos venía arriba, pero no, tampoco divisamos nada en el entorno. ¿Puede decirme qué pasa aquí? Yo me marcho ahora mismo.

Con ansiedad, aguardamos por el nacimiento del nuevo día, con las cosas empacadas para el precipitado retorno. Las vacaciones planeadas para cuatro días se constriñeron a uno. No deseábamos permanecer ni un minuto más allí. Abordamos el triciclo restando aún algo de penumbra y enfilamos rumbo al lejano y añorado domicilio, con la certeza de que lo acontecido aquella noche en Boca de Cabañas, no constituía un sueño ni una desagradable pesadilla, sino una secuencia real de eventos paranormales colectivos, es decir, ante numerosos testigos afectados.

XXIX.- Aterrador sonido en el mar

Ha transcurrido mucho tiempo y lamentablemente no precisamos, con exactitud, la fecha del evento. En un estimado aproximado diríamos que ocurrió entre 1970 y 1972, en una radiante mañana, que con nuestro hermano Gabriel, nos lanzamos a pescar submarino por la playuela oriental de la casa de Clara y Mingo, cercana a los herrumbrosos restos del crucero acorazado español "Almirante Oquendo", al que ya hemos hecho referencia.

En el agua, enfilamos rumbo sur; luego giramos al este, para inspeccionar al aludido pecio, importante refugio y criadero de distintos tipos de peces de plataforma, esfuerzo que no aportó ninguna presa de consideración. Entonces decidimos chequear el sebadal y el canto del veril, ya a superior profundidad.

Ante la ausencia de ejemplares, dignos de arponear, Gabriel sugirió dirigirnos más allá del veril, aprovechando la extraordinaria transparencia de las tranquilas aguas de aquel día. Al arribar al punto, de repente escuchamos un fuerte, alarmante y sobrecogedor sonido desconocido, proveniente del oscuro azul abisal, mezcla de motor, turbina y rugido perturbadores, que golpeaba pertinazmente nuestros oídos, como si se tratara de algo así como del «corazón generador de las olas del mar».

Aquello era realmente impresionante, inaudito. No recordábamos nada, ni siquiera parecido, en nuestra memoria, a pesar de que en numerosos años de pesca submarina captamos, con cierta frecuencia, ruido de motores de barcos —pesqueros y mercantes— así como el taladrante repicar de los equipos de sonar de submarinos en nuestros tímpanos; pero este, sin dudas, no tenía parangón.

Cruzamos interrogantes miradas desconcertados por tan poderoso e imprevisto sonido, proveniente de las entrañas del mar, como causado por una gigantesca y esotérica maquinaria subacuática. Angustiados, nadamos hacia la orilla, trayecto que nos pareció infinito. Permanecimos en el bajo costero —sin salir del agua— donde nos considerábamos un poco más seguros, alejados del inexplicable misterio que se desarrollaba en el ignoto abismo.

Tras larga y desesperante espera, azotados por el inquietante fenómeno acústico, este, por fin, concluyó. Finalizamos la pesca y salimos del agua.

De vuelta a la casa de nuestros amigos, no cesábamos de hablar sobre la extraordinaria vivencia. Para común asombro, resulta que ambos experimentamos el mismo temor e incertidumbre, junto a la convicción de que se trataba de algo anormal; que, en cualquier momento, aparecería ante nuestros ojos una enorme y desconocida nave, cuyos tripulantes nos abducirían o eliminarían físicamente, si no abandonábamos con rapidez el escenario.

¿Qué originaria tan espeluznante evento sónico?

¿Movimientos de reajuste del lecho oceánico (sismos, derrumbes o deslizamiento de fallas), acontecidos a gran distancia?

¿Actividad volcánica submarina?

¿Armas secretas?

¿OSNIS (objetos submarinos no identificados) operando bajo las aguas?

¿Gigantescas criaturas desconocidas?

Pero todas estas hipótesis —y otras que podrían adicionarse— resultan muy complejas y de difícil comprobación. Todavía hoy, a la friolera de medio siglo, no disponemos de una respuesta satisfactoria al suceso, el que posiblemente perviva como parte de los enigmas y misterios por descifrar en investigaciones futuras.

XXX.- El misterio del «Furor»

Aquella tarde gris nuestro hermano decidió no pescar submarino. Seguramente el próximo día, en la mañana, la mar estaría en calma y el fulgor del sol propiciaría mayor visibilidad en las aguas de la playa de Rancho Cruz (enclavada a unos dieciséis kilómetros al oeste de Santiago de Cuba) donde se hallaba acampado con su familia, disfrutando de las vacaciones de verano.

La agradable charla se interrumpió súbitamente por la irrupción en el escenario de un joven, de la raza blanca, que, sosteniendo un equipo de caza submarina (a pulmón), se encaminó hacia Gabriel preguntando:

—¿No vas a pescar hoy?

Miró sorprendido al sujeto y respondió:

—No, es un poco tarde; hay cierta marejada y pobre iluminación.

El individuo insistió:

—Vamos a tirarnos, quizás localicemos agua clara y consigamos ver algo. —Después de una pausa, añadió—: No soy de aquí, estoy de paso en las lomas y quisiera me acompañaras en el propósito.

—Está bien —contestó Gabriel sin mucho entusiasmo.

A Mirian no le agradaba la idea de que se lanzara al mar con un desconocido y así lo manifestó; no obstante, ambos se adentraron en el inmenso azul, alejándose rápidamente de la orilla.

Pronto llamó su atención que el forastero no variaba la dirección de desplazamiento hacia el sureste, por lo que se interrogaba internamente: «¿Quién será este individuo? ¿Cuán hondo pretende pescar?».

Entonces el extraño personaje ejecutó una inmersión magistral en las turbias aguas, superior a los sesenta pies bajo la superficie y se mantuvo ahí por buen tiempo, escrutando el lecho oceánico, como orientándose...

«¡Qué bárbaro, es un campeón! —admiró en silencio—. Pero ¿adónde me piensa guiar?». En eso, dejó de verle. Asomó, incluso, la cabeza fuera del agua para intentar avistarle, sin éxito. Flotaba tan distante de la línea del litoral que ya no divisaba fondo.

Previa reflexión optó por aproximarse a la costa, poniendo rumbo norte. Transcurridos unos minutos, comenzó a configurarse una silueta brumosa ante sus ojos. Nadaba directamente al centro de dos enormes promontorios que se erguían como colosos desafiantes. No concebía creer lo que yacía entre ambas moles coralígenas: ¡los restos de un barco de hierro a unos cien pies de profundidad! Esforzaba al máximo sus pupilas, intentando captar mejor la difusa e inusitada imagen que cada vez se visualizaba más claramente.

Descendió unos metros para reducir la distancia con la misteriosa estructura que se perfilaba, constatando que se trataba de un casco metálico. Inmersiones sucesivas revelaron la casi desaparición de la superestructura; solo restaba una incompleta cabina, a guisa de puente de mando y ¡oh, sorpresa!: un pequeño cañón, también a proa, hallazgo que evidenciaba el carácter bélico del mismo. Pero ¿qué barco era aquel? Por sus dimensiones resultaba mayor que una cañonera o guardacostas y, a su vez, inferior a un crucero. Entonces le dio un vuelco el corazón: ¡había hallado al "Furor"! (Lámina XIV).

Lámina XIV. El "Furor" a su salida del puerto de Glasgow, Escocia, en 1896. Wikipedia

El cazatorpedero "Furor" perteneció a la escuadra española del almirante Cervera, destrozada por la flota norteamericana del almirante Sampson, en la memorable batalla naval de Santiago de Cuba, acaecida el tres de julio de 1898. Fue el único echado a pique en aguas profundas, las restantes unidades de la armada española —acribilladas y convertidas en verdaderas hogueras flotantes— culminaron embarrancadas por sus propios comandantes, para salvar, en lo posible, a la diezmada tripulación, e impedir, a la vez, que cayeran en manos enemigas.

Así sucumbieron el cazatorpedero "Plutón" (entre las radas de Rancho Cruz y Boicabón) los cruceros acorazados "Infanta María Teresa" (en la playa de Nima Nima), el "Almirante Oquendo" (en la playa de Juan González); el "Vizcaya" (frente a la ensenada de El Aserradero) y el "Cristóbal Colón" (cerca del pico Turquino, en la desembocadura del río La Mula).

El "Furor" (de 380 toneladas) reventó, producto de letales impactos de proyectiles de acorazados, cruceros y buques auxiliares de la superior flota estadounidense. Entre las numerosas víctimas (un tercio de la tripulación) estaba el comandante de escuadrilla, capitán de navío Fernando de Villamil, diseñador de estos ligeros buques de escolta.

Al explotar y convertirse en un pecio lejos de la orilla, en aguas profundas, no fue localizado, a pesar del esfuerzo realizado en diversas ocasiones. Desde el día de su destrucción hasta aquella tarde de verano de 1992, su paradero era una incógnita por resolver. Incluso el Departamento de Arqueología Subacuática de la Academia de Ciencias de Santiago de Cuba, emprendió varias expediciones de infructuosa búsqueda.

Gabriel conocía la tremenda trascendencia de su hallazgo, por lo que, henchido de emoción y alegría, nadó a la playa. Para su sorpresa total, se topó con que ya el enigmático individuo estaba, como estatua enhiesta, esperándole en la arena.

—No vi nada —comentó escuetamente—. Me voy para arriba... a las lomas.

—Cuando quieras pescar puedes venir, permaneceremos aquí un mes —expresó nuestro hermano.

—Bien, lo tendré en cuenta —afirmó alejándose. Nunca más lo vio.

Al atardecer, Gabriel, desconcertado, se preguntaba:

«¿Quién era aquel incógnito personaje? ¿Qué hado le impelió al punto a buscarme? ¿Por qué me escogió para ser esotéricamente enrumbado en la dirección precisa de los restos del "Furor" convirtiéndome, por consiguiente, en su descubridor?».

Es menester destacar que, sin aquella mágica conjunción de elementos, hubiera proseguido perdido para el mundo el "Furor", sabe Dios por cuánto tiempo.

El esotérico pescador concurrió como por encanto, como un enviado, acaso para cumplimentar, valiéndose de Gabriel, una misión celestial en la Tierra: arrancarle al océano un secreto celosamente guardado; tal vez para que las desdichadas almas, cautivas en aquel sarcófago colectivo, salieran a la luz, ascendiendo por fin al cielo, dejando atrás el oscuro aislamiento en el que permanecieron estancadas por casi un siglo.

El sensacional hallazgo de Gabriel fue verbalmente comentado por el autor de estas líneas a René Diaz, entusiasta submarinista que por esos tiempos controlaba el censo de naufragios (pecios) y otros testigos arqueológicos de Santiago de Cuba. Este, a su vez, lo informó a Iván Pérez, director del Departamento de Arqueología Subacuática de la Academia de Ciencias de esa ciudad, el cual entrevistó personalmente al descubridor en la Universidad de Oriente, donde ocupaba la cátedra de Fotografía, en la Facultad de Periodismo. Allí, el profesor Gabriel Navarrete Pujol reveló los detalles exactos de su sorprendente localización del "Furor".

XXXI.- Objetos foráneos arrojados por el mar

Durante nuestras exploraciones en la costa suroriental de Cuba localizamos, en unos casos, y nos mostraron, en otros, ciertos objetos arrojados por el mar, sobre todo durante las fuertes marejadas de los meses de verano. Las más de las veces, estas piezas aparecían en la ribera, mezcladas con sargazos, troncos, ramas y basura en general.

Los consideramos intrusivos (es decir, provenientes de otras tierras) y los dividimos en tres grupos, de acuerdo con su tipología y función: utilitarios, ceremoniales y musicales.

Utilitarios

Los de carácter utilitario (para el trabajo) están representados por mazos percutidores, flotadores y restos de primitivas balsas.

Mazos percutores: como su nombre lo indica, servían para golpear distintos elementos durante el desempeño de las actividades cotidianas del grupo humano que los empleó; por ello, mostraban claras huellas de impacto en su superficie.

Flotadores: muy rústicos y primitivos (Lámina XV). consisten en trozos de troncos (de entre 30 y 50 centímetros de longitud) de gran flotabilidad, con uno de sus extremos exhibiendo un aguzamiento deliberado (con entalle, a modo de escotadura circular); el opuesto, bastante voluminoso, seguramente debió flotar sobre la superficie del mar, de forma visible, a modo de boya demarcadora. La porción fina, con acanaladura, posiblemente para amarrar una cuerda que la ligaría a cierto tipo de nasa —o a un trasmallo— como parte de un artilugio para la pesca de plataforma.

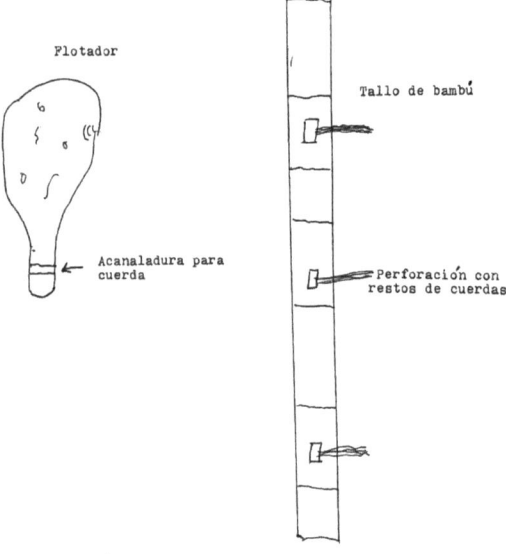

Lámina XV. Objetos foráneos arrojados por el mar.

Restos de primitivas balsas: identificamos largos tallos de bambú con cierto número de perforaciones, bastante rectangulares, en distintos tramos de su longitud, algunos con restos de soga trenzada manualmente, en fibras vegetales, con las que, presumiblemente, se unía, a través de dichas aberturas, las piezas de bambú que integraban, ensambladas, una balsa destinada al transporte acuático, la pesca y labores de recolección y captura, lícitamente inferibles (Lámina XV).

Objetos ceremoniales

Definimos así a varios tipos de cabezas antropomorfas, labradas en madera, con rasgos típicamente negroides. Dos estaban quemadas, en mayor o menor intensidad, tal vez durante el desarrollo de algún tipo de ceremonia mágico-religiosa de purificación.

Instrumentos musicales

Apreciamos dos tumbadoras, confeccionadas en una sola pieza de madera ahuecada, recubiertas, en la parte superior, con cuero de chivo. En ambos casos, este se encontraba roto. Lo fijaron al resto de la estructura con clavijas, de madera también, extremadamente simples. Debieron ser empleadas tanto en festividades como en ceremonias y rituales inherentes a su mundo espiritual.

Todas —insistimos— fueron recuperadas en la línea costanera, durante la recolección, por los lugareños, de leña para cocinar. Vagaron itinerantes a merced de las corrientes oceánicas, procedentes de algún punto distante (¿las costas africanas?) o, tal vez, por el contrario, cercano, como pudiera ser la propia región caribeña (¿Haití?).

Si no se ha hecho ya, merecería la pena efectuar una investigación profunda en torno a este interesante tema, mediante estudios de etnología comparada y de las corrientes marinas, a fin de despejar el misterio existente acerca de su procedencia.

.

XXXII.- Tragedia en la playa de Cazonal

Conocimos a Rudy García en el año 1980, a raíz de su nombramiento como profesor de Física en la escuela Ángel Espinosa, donde impartíamos español y Literatura Cubana desde 1975. Acababa de regresar, como soldado, de la aventura militar de Angola. Como veterano de la campana africana (que enlutó a miles de hogares cubanos) exponía nerviosismo y otros desajustes psicosomáticos, producto del estrés bélico.

Casado y padre de dos hijos, se graduó en el Instituto Superior Pedagógico Frank País, como profesor de Física. Pronto, insatisfecho con el oprimente medio, renunció a su cátedra y comenzó a ganarse el sustento a través del negocio de compra y venta de frutas, principalmente.

Un día, nos manifestó sus deseos de abandonar el país de forma clandestina —pues de manera legal era poco menos que imposible en aquellos tiempos— para sacar a su familia y reunirse en el extranjero. Para ello, trazó un plan de escapa por mar, en una embarcación (balsa) fabricada con neumáticos (cámaras de camión) asidas a una estructura de madera y metal. Le acompañarían dos jóvenes pescadores submarinos: Francisco Estrada y Pedro Columbié. Se lanzarían al agua al oscurecer, por la playa de Cazonal, al este de Santiago de Cuba y al oeste de la vecina localidad de Baconao, rumbo a la base naval de los Estados Unidos en la bahía de Guantánamo. Remarían toda la noche, cerca y paralelo a la línea de la costa, siempre al este, calculando recalar en la entrada marítima de la estación naval al amanecer.

Le advertimos sobre los peligros a que se expondrían, pero su decisión era irreversible; lo animaba la ilusión y la firme esperanza en el éxito del proyecto liberador. Nos despedimos una mañana en la casa del reparto El Modelo, dependiente del histórico poblado de El Caney, deseándole buena suerte y que se cuidaran mucho. Pasarían días y semanas sin noticias suyas.

Una vez soñamos con él. Se presentaba en medio de la noche, sin luna, huyendo, con la ropa hecha jirones, sudoroso y la piel llena de sangrientos rasguños, jadeante, nervioso y desesperado. Nos dividía un vallado de tablas imbricadas, a través del cual podíamos vernos, pero no tocarnos. Entonces, mirándonos fijamente dijo:

—Los guarda fronteras acabaron con nosotros, nos traicionaron y aniquilaron. ¡Ya vienen, me marcho! Nava (como cariñosamente nos decía), comunícaselo a mi familia. —Desapareció en la penumbra.

Despertamos sobresaltado. El sueño lucía demasiado vívido; nos atormentaba el hecho de no saber nada de él. Se lo relatamos a Mariblanca al detalle, señalando la necesidad de visitar a su esposa Mirtha, pero desfilaron los días y, por una u otra razón, no asistíamos.

A las pocas noches compareció el desaparecido en sueños. De nuevo se interponía la cerca de madera. Arribó veloz, fugitivo, desgarrada la ropa, sudoroso, demacrado, sin aliento y con la piel lacerada por numerosos raspones y heridas, se detuvo y exclamó:

—¡Nava, nos traicionaron y eliminaron sin compasión! Díselo a Mirtha, que cuide a los niños, que entregue los números de la bolita (juego de apuestas, ilegal en Cuba) que le doy. Ella no hace caso e invariablemente salen, que cumplimente lo que le digo, el dinero es necesario. ¡Me voy, ya llegan!

A continuación, escuchamos el ladrido de los perros de presa y las voces de mando que se acercaban. Él reprendía la huida y desaparecía.

Al despertar nos embargó la sensación de haber vivido el suceso, que el diálogo ocurrió verdaderamente.

Aquella tarde Mirtha nos recibió en su casa; al vernos rompió en llanto de emoción. Tras un profundo suspiro, afirmó:

—Extrañaba la presencia de ustedes. Rudy desapareció hace dos meses. Le he buscado por todas las cárceles, los puntos de guardafronteras, las estaciones de policía, inútilmente. Las autoridades afirman desconocer su paradero —declaró secándose los empapados ojos. Luego, prosiguió—: Había pactado con un guardafronteras para que los remolcara hasta frente a la base naval norteamericana. Le pagó cinco mil pesos, supongo que igual cifra abonaría cada uno de sus acompañantes. El militar, que con frecuencia acudía aquí a conversar y beber con Rudy, nunca más volvió: incluso cruza por la calle de arriba, eludiendo esta. Anda esquivo, como quien sabe algo y alberga un delito ¡Dios sabrá!

Concluido un suspiro, retomó la narración:

—He intentado averiguar si reside en los Estados Unidos, si se encuentra internado en algún campamento para refugiados, fallidamente. Supongo, que, si hubiera logrado el objetivo, de seguro lo haría saber. El silencio absoluto induce la sospecha de que posiblemente corrieron la misma triste suerte. Los tres se esfumaron sin dejar el más leve rastro, como devorados por el océano. —Seguidamente añadió—: Sus hijos están destruidos, no tengo ya qué argumentarles; su madre casi no habla, se ha tornado huraña y taciturna. Sueño frecuentemente con él. Tú sabes que le encantaba jugar la bolita. Me ha dado varios números, pero olvido entregarlos al listero, después me entero de que salieron; nuevamente me proporciona otros, que no juego, e increíblemente resultan ganadores —concluyó.

—Mirtha, lo sorprendente es que en sus visitas en sueños se queja de tu indolencia, de que no le haces caso, ni tomas en serio su revelación numérica. Insistió en que te lo reclamara. Aseguró que los guarda fronteras les mintieron y exterminaron, los acusa de su muerte y de la de sus compañeros de infortunio.

Con honda tristeza en el rostro, la viuda se incorporó y nos abrazó trémula y bañada en lágrimas. A todas luces, el difunto se comunicó con ambos, canalizando similar mensaje, a través de los sueños.

XXXIII.- Apariciones de cadenas

En la costa suroriental de Cuba son comunes los relatos de apariciones de esotéricas cadenas, en distintos puntos del litoral marino, las que, por lo general, se vinculan a presuntos tesoros ocultos, tanto en la tierra como en el mar.

Según la señora Blanca La O y otros antiguos lugareños de la gran playa de Sevilla, concretamente en la zona de Rincón Santiago, cada cierto tiempo, a las doce del día, se dejaba ver una gruesa cadena, dispuesta de la tierra al mar. Pensaban que el extremo encajado en el suelo estaba unido a un gran tesoro soterrado por sus antiguos propietarios. Sostenían que cuando ilusionados se acercaban a ella, esta desaparecía como por encanto, de modo que jamás lograban recuperar la fortuna, y siempre quedaba la consoladora esperanza de que sería la próxima vez.

Otros pobladores reportaron el arrastre de cadenas (o haber sido agredidos con ellas) en lugares embrujados de la Sierra Maestra, tales como en arruinadas casas y mansiones señoriales, barracones de esclavos, cementerios y en otras estructuras del periodo colonial.

Por otro lado, gente de mar aseguró haber avistado, en diversas oportunidades, una enorme cadena oxidada dentro del agua, en la ensenada de El Aserradero, a unos 35 kilómetros al oeste de Santiago de Cuba. Para ellos, el articulado artefacto marcaba un tesoro perdido, que relacionaban a los restos del crucero acorazado español "Vizcaya", embarrancado en el arrecife coralino del punto, el tres de julio de 1898, durante la batalla naval de Santiago de Cuba, a la que ya hemos hecho referencia.

Siempre que intentaban atraparla con bicheros, grampines y otros artilugios, este se evaporaba ante sus ojos.

XXXIV.- El poder de convocatoria del árbol del camino

En el año 1994 perdimos el trabajo en la Academia de Ciencias de Cuba al tramitar la salida del país. Sin salario para cubrir los gastos de la cara vida cotidiana, nos vimos en la necesidad de capturar cangrejos para vender, entre amigos y conocidos, su delicada carne en envases de cristal de una libra.

Para la apropiación de estos crustáceos, debíamos caminar diariamente unos siete kilómetros hacia la costa y, en sus inmediaciones, desarrollar la agotadora tarea, en el tramo costero comprendido entre las radas de Justicí y Sardinero. El largo y accidentado periplo se efectuaba a través de un irregular sendero, en un relieve áspero, ondulado, por la espesura. Infinidad de árboles sombreaban la ruta, proporcionándole agradable frescor, sobre todo en el tórrido verano. Enumerar las especies botánicas sería poco menos que imposible.

Desde los primeros instantes que transitamos el sendero, un almácigo llamó significativamente la atención. Ignoramos por qué al mirarle captábamos un misterio anómalo. Los sentidos extrasensoriales percibían la emisión de alguna suerte de energía o fluido especial. Aunque viajáramos entretenidos o focalizados en otras cuestiones, la planta se apropiaba absolutamente de nuestro interés.

Para averiguar si teníamos una predisposición personal, decidimos ejecutar un sencillo experimento. Preguntamos, por separado, a cada uno de los acompañantes, si algún árbol en específico —a la vera de la dilatada ruta— atraía su atención. No proporcionamos la más mínima pista. La encuesta bien simple: había que analizarlos todos (recuérdese, una jungla con miles de ejemplares) y seleccionar uno, no por su aspecto físico, sino por su espiritualidad.

La primera en someterse a la prueba fue Mariblanca, que acertó sin titubeos. Su elección nos dejó sin palabras. Ya éramos dos. En otro viaje le tocó el turno a Monchito, quien, sorprendentemente, al cruzar cerca del árbol, levantó el brazo y, apuntándole con el índice, dijo:

«Ese es».

El tercer turno correspondió a Román. Por esos días tenía ocho años. Le explicamos lo que intentábamos averiguar, enfatizándole que debía concentrarse bien a lo largo del serpenteante sendero y escoger una planta que lo impresionara de manera esotérica, no por sus peculiaridades botánicas. (Conviene aclarar que el almácigo carecía de atributos sobresalientes, era inferior en tamaño y grosor que muchos en la vía). Increíblemente, al arribar al punto, categóricamente dictaminó:

«Papá, ese es el árbol».

Curiosamente, toda la familia «adivinó» sin errar. No conforme con ello, invitamos al viejo amigo y profesor, el licenciado Juan Hernández el día que compartió con el grupo la caminata, a participar en la encuesta. El destacado científico, botánico profesional, nos miró extrañado y preguntó:

«¿Por su fuerza espiritual?».

Magna sorpresa experimentamos con su acertada elección. Convidamos a los participantes a inspeccionar al enigmático almácigo, distante unos diez metros del trillo. La cara que mostraba al caminante era normal, sin novedad, pero al rodearle y apreciar la faz opuesta, oculta al viajero, quedamos en una pieza, atribulados.

Incrustados en su tronco con alfileres y clavos, exhibía docenas de obras espirituales y de brujería: cintas rojas y negras, papeles de cartucho enrollados con hilo; símbolos paleros grabados en su corteza, huesillos empaquetados, entre otros testimonios mágico-religiosos.

El árbol comparecía literalmente cargado de trabajos y ofrendas de diversa índole. Ahí radicaba su pujante fuerza espiritual que captaron tan eficazmente los sentidos extrasensoriales. Aquella planta, según parece, emanaba algún tipo de fluido electromagnético capaz de atraer la atención del más inocente y despistado de los viandantes, ratificando, una vez más, que ese sexto sentido actúa como un sistema automático de vigilancia y detección, que descubre energías y fenómenos paranormales que el limitado ojo humano no ve.

XXXV.- Botijuelas y cofres con tesoros ocultos

En la memoria colectiva de la gente costeña perviven interesantes historias de hallazgos de tesoros dentro de botijuelas de barro cocido y, en menor medida, en cofres o cajas de metal, aunque nunca nos fue dable conocer los nombres de los afortunados descubridores.

A partir de la fundación de las siete primeras villas de Cuba, por el conquistador español Diego Velázquez de Cuéllar (entre 1512 y 1515) hasta todo el siglo XIX, muchos de los ricos hacendados, comerciantes, traficantes, dueños de trapiches e ingenios azucareros —entre otros— solían ocultar su dinero bajo tierra o dentro de las paredes o pisos de sus viviendas, para preservarlo de incursiones de piratas, ladrones, asaltantes y bandoleros, que pudieran apoderarse, por la fuerza, de su patrimonio familiar.

Quizás no huelgue recordar que la costa suroriental de Cuba recibió numerosos colonos franceses, a raíz de la revolución de Haití (1791-1804). La mayor parte de ellos arrendaron o compraron feraces tierras en la Sierra Maestra y en la de Limones, donde establecieron extensos cafetales; introdujeron nuevas técnicas y cultivos y construyeron mansiones, caminos de montaña y obras hidráulicas y agroindustriales, todo ello, con la fuerza del trabajo esclavo.

Como no pocos simpatizaban —o cooperaban— con las autoridades coloniales de la época, sus posesiones resultaron blanco del fuego insurrecto devastador, durante el desarrollo de la Guerra de los Diez Años (1868-1878). Cierto número de estos colonos regresaron a Europa al propagarse la lucha contra España, sorprendiéndoles la muerte en otros lares, quedando su fortuna abandonada, al llevarse a la lejana tumba el secreto de su ubicación exacta.

Por otro lado, se sostiene el aserto de que piratas, corsarios y traficantes soterraron en cuevas, playas y otros lugares convenientes, de fácil recordación, tesoros obtenidos a través de asaltos y saqueos de villas y de barcos españoles, para luego, pasado el peligro, sacarlos a la luz, en el momento adecuado.

El tesoro de Mesie Tamboril

Se dice que este personaje era de los más ricos hacendados franceses de la Sierra Maestra. Cuenta la leyenda que, temeroso de perderlo todo, por la sublevación de los cubanos contra la metrópoli española, un atardecer cargó con un pesado cofre, repleto de monedas y de joyas preciosas, y, acompañado por dos esclavos de su numerosa dotación, se trasladó hacia un aislado paraje de su extensa propiedad. Ordenó abrir un profundo hueco, en el que depositaron la valiosa carga; entonces sacó sus pistolas y mató impíamente a los excavadores, arrojando sus desdichados cuerpos encima del dinero, cubriéndolo con la tierra extraída, para que no pervivieran testigos de la subrepticia operación.

Viajó precipitadamente a Francia, de la que jamás retornó. Transcurrieron las décadas, y el abandono y el olvido se adueñaron de la pretérita productiva hacienda.

Este interesante episodio lo escuchamos de labios del señor Emiliano Gaviria, nativo de la zona, quien narró que en su temprana juventud emprendió la búsqueda de dicho tesoro, junto a su cuñado Chilango Ballard. Para ello, practicaron numerosas calas de cateo en distintos puntos del aludido enclave, cerca de las ruinas de la casa señorial (que visitamos en 1987, guiado por Gaviria y un vecino de apellido Morado) y en diversas áreas del antiguo cafetal.

En el que resultó el último día de trabajo, cavaron un amplio orificio, bajo centenarios árboles, donde la matriz térrea estaba poco compactada, lo que facilitó la ardua tarea. Al atardecer, a una considerable profundidad, afloraron dos esqueletos humanos superpuestos. Comenzó a llover de repente y las descargas eléctricas de la tormenta iluminaban fugazmente el lóbrego entorno.

Un intenso escalofrío estremeció los juveniles cuerpos de los buscadores del tesoro, junto con la angustiosa sensación de que no estaban solos, que eran observados por entidades invisibles pero presentes. Sin aguardar más, cundidos de pánico, huyeron despavoridos, para no regresar jamás, cancelando, de por vida, el proyecto de rescate.

Persiste la creencia de que ciertos individuos, mientras dormían, recibieron, de difuntos, informaciones acerca de la ubicación exacta de botijuelas, repletas de monedas. Los beneficiados debían de asistir sin compañía a buscarla, y santificarla con agua bendita, de lo contrario, todo su contenido metálico se convertiría en carbón ordinario, según afirman aconteció a favorecidos incautos o desobedientes.

Gaviria también sostuvo, que, en el primer tercio del siglo XX, unos alemanes incursionaron en Boca de Dos Ríos (a dos kilómetros al oeste de Caletón Blanco) portando viejos mapas e instrumentos y utensilios, ejecutando plurales excavaciones cerca de la playa. Que desenterraron un tesoro y lo acarrearon con absoluto secretismo. Memoraba, que, siendo niño, avistó, *in situ*, numerosos pedazos de cerámica de lo que —para él— debió formar parte de una voluminosa botija.

Comentó que ciertos lugareños, inspirados por el inusitado hallazgo, prosiguieron las prospecciones en una porción intocada por la expedición germana, y exhumaron una pequeña vasija, de barro cocido, la cual, al quebrarla, solo expuso «calderillas» y «perras gordas» de escaso valor. No obstante, otros pobladores, más afortunados, desenterraron botijuelas contentivas de monedas de oro y de plata, otorgadas por difuntos en sueños.

Por otra parte, Abdón Martínez, quien fuera activo arqueólogo aficionado y espeleólogo de Santiago de Cuba, nos comunicó verbalmente, que, durante sus exploraciones, a principios de la década del sesenta en las cuevas de El Vigía, en Mar Verde (a unos 15 kilómetros al oeste de Santiago de Cuba), donde radicaban las últimas cabañas al poniente de la referida playa, distinguió, a través de angosta grieta, de insospechada espelunca, una espada con su daga, recostadas a un antiguo cofre. No consiguió llegar a ellos por la aludida estrechez de la ranura.

Afirmaba que en Mar Verde (denominado así por el color de sus aguas) durante el periodo colonial unos piratas ocultaron un tesoro, el cual nunca recuperaron. Cuando Abdón retornó al sitio con recursos válidos para intentar alcanzar el ansiado objetivo, se topó, sorprendido, que la cueva y su entorno habían sido totalmente sepultados por la tierra removida y arrollada por tractores de cuchilla y esteras, que nivelaron la superficie para edificar nuevas cabañas de mampostería. Ahí concluyó el fallido intento de rescatar el supuesto tesoro.

Las botijuelas de Cruz Milán

Entre las décadas de 1930 y 1940, arribó al territorio de Los Corrales, El Ají de Juana y Limones, un desconocido, autoproclamado profeta, que decía llamarse Cruz Milán. Inteligente y experto manipulador de las masas, pronto aglutinó a un nutrido grupo de seguidores entre el sano campesinado, en aquellos tiempos mayoritariamente inculto, crédulo, mal informado y atrasado, producto del aislamiento geográfico en que vivían, cuestión que facilitaba grandemente su control y mangoneo malintencionados, por parte de astutas e inescrupulosas personas como el recién llegado, que en breve extendería su labor proselitista hacia las zonas costeras de Mota y Camarones, entre otras.

Utilizando el sagrado nombre de Dios, instaba a la gente a vender sus propiedades y a que le entregaran todo el dinero obtenido, para depositarlo en un aposento bajo su estricta y exclusiva custodia, con la promesa de que el Señor lo multiplicaría con creces, en premio al sacrificio realizado. Argumentaba que solo era cuestión de esperar pacientemente por su retribución generosa, que en su momento llegaría a ellos a través de una revelación celestial recibida por Cruz Milán.

Pero antes de comunicar al «agraciado» (sería mejor decir al desgraciado) la «buena nueva» de que había sido «bendecido» por Dios, el taimado «profeta» enterraba, en horas de la noche, una botijuela de barro cocido, con parte del dinero entregado por el propio individuo, en aras de su aumento, a tal magnitud que, seguramente, lo volvería rico, inmensamente rico.

Ya en el punto del enterramiento previo, Cruz Milán efectuaba una dramática actuación, en la cual simulaba comunicarse con el cielo, e indicaba al incauto donde excavar; así, «sorpresivamente», este afloraba la botijuela, que, de inmediato, sin revisarla, debía pasarla al «profeta» para que la situara en el cuarto donde tendría lugar otra futura multiplicación milagrosa.

Con estas hábiles triquiñuelas, el embaucador incrementaba su fama y credibilidad entre los comarcanos, muchos de los cuales, entusiasmados, vendieron, sin dilación, sus tierras, animales y otras pertenencias, cuyas ganancias se las dieron, íntegramente, a Cruz Milán, quien, categóricamente, afirmaba que, en su día, el Altísimo lo incrementaría con generosidad.

La gente le admiraba, respetaba y seguía con ciega devoción, como a un insigne maestro profeta. La voz corría como un torrente, publicando sus «prodigios» y el engañador cada vez soterraba más botijuelas, amparado por la oscuridad; a fin de cuentas, todas iban a parar, sin excepción, a su resguardo.

Asimismo, el mañoso individuo jamás desaprovechaba la oportunidad de plantar su simiente en los juveniles vientres de lindas guajiritas, que caían rendidas en sus brazos, totalmente deslumbradas por el incógnito aparecido, considerado ya como un enviado de El Creador.

El recinto controlado por Cruz Milán se hallaba cuajado de botijuelas y ofrendas, en tanto su prestigio proseguía creciendo como la espuma, y cada vez manipulaba a más prosélitos. Sin embargo, de la misma manera súbita en que misteriosamente apareció en sus vidas, así se esfumó.

En efecto, una mañana notaron la ausencia del «profeta» en su casa; lo buscaron angustiados por el campo y en el vecindario, infructuosamente. A los pocos días, alarmados, acudieron en masa al aposento de ofrendas, para que cada cual recogiera el dinero depositado con tanta fe para su pronta multiplicación prometida. El corazón casi se les rompe, al comprobar, con oprimente frustración, que todos los recipientes estaban vacíos. Cruz Milán, arteramente, había ido cargando, subrepticiamente, sin levantar sospechas, con todo su contenido.

El felón no solo les robó sus ahorros, reunidos con tanto sacrificio y empeño, sino que se llevó, con ellos, sus legítimos sueños e ilusiones. Decepcionados, comprendieron que habían sido utilizados, engañados, al confiar cuánto poseían, en manos de un vil y vulgar estafador, del que jamás supieron de dónde vino, hacia dónde fue ni cuál era su verdadero nombre.

Para colmo, el atrevido delincuente cometía sacrilegio cada día al mencionar el nombre de Dios, para dar confianza a los sanos creyentes de buena voluntad, y así estafarlos con mayor facilidad.

Lo más terrible del caso, radicaba en la lícita sospecha de que probablemente el sujeto continuaría timando a otras buenas personas, en otro lugar, seguramente con nombre cambiado y con mayor experiencia en el oficio.

Hasta aquí nuestro conocimiento del suceso. Ignoramos si algún día se eclipsó su estrella y si fue descubierto en sus desmanes y entregado a la justicia terrenal de los hombres. Dudamos mucho que su larga lista de fechorías y desmanes cometidos hayan quedado impunes ante los ojos de Dios.

La botijuela de «La Gloria»

En la década de los ochenta nos enteramos de que, durante los trabajos de movimiento de tierra en un tramo de la autopista nacional, un tractorista desenterró, accidentalmente, una botijuela de barro cocido, repleta de monedas de oro, en los terrenos de la antigua finca La Gloria, en el poblado de Cuabitas, que perteneció primero a la familia Ros y luego a la Mustelier.

Según se cuenta, el operador exhumó con la cuchilla de su maquinaria el recipiente quebrado e identificó su valioso y refulgente contenido. Descendió rápidamente, y nervioso recogió en una bolsa todas las monedas, tan alegre y emocionado que abandonó para siempre su empleo, desapareciendo del lugar con tanta premura que dejó, incluso, el pesado equipo encendido.

Los vecinos sostenían la veracidad del suceso y alegaban, con firmeza, haber observado los pedazos de la botijuela hallada *in situ* por el afortunado operador. Pero un descubrimiento posterior en el punto nos induce a poner en dudas este último aspecto.

En el año 1986, cuando asistíamos a nuestra labor en el hidropónico Antonio Maceo, al cruzar por "La Gloria" localizamos centenares de fragmentos de cerámica aborigen, correspondientes a la cultura subtaina, diseminados por la superficie de una extensa área, que formaban parte, junto con otros testimonios, de un interesante yacimiento arqueológico que reportamos de inmediato y que poco después excavamos en equipo.

Por la importancia del hallazgo, lo publicaron en la prensa plana y a través del noticiero nacional de televisión. "La Gloria" sirvió, además, como sitio docente, para que alumnos de la Facultad de Historia de la Universidad de Oriente pasaran un curso sobre técnicas de las excavaciones arqueológicas, que se desarrolló allí bajo la dirección del autor de estas líneas.

El argumento de nuestra duda se sostiene en que, tal vez, los curiosos que acudieron al lugar pudieron confundir, debido a su notable parecido, los supuestos restos de la botijuela premiada, con los numerosísimos fragmentos de vasijas aborígenes, diseminados por la superficie del relieve de "La Gloria", como ocurrió —según constatamos en plurales ocasiones— en otras localidades de la región suroriental de Cuba.

Por otro lado, no tenemos la certeza de que el evento aconteciera realmente, y quizás nunca lo consigamos esclarecer, e ignoramos si pudiera tratarse, por el contrario, de un común producto de la imaginación popular.

Lo encontrado en la flota de Cervera

El proceso de expoliación en los pecios de la escuadra española del contralmirante Pascual Cervera comenzó la misma mañana del tres de julio de 1898, cuando culminó totalmente destruida por la flota estadounidense, bajo la dirección del almirante William Sampson.

Los oficiales y marinos de la nación vencedora en aquella contienda obviamente fueron los primeros en abordar las calientes cubiertas de las destrozadas y humeantes naves, en busca de heridos y sobrevivientes, oportunidad que también aprovecharon para colectar armas, objetos y recuerdos del histórico y trascendental episodio bélico.

Poco tiempo más tarde, el gobierno norteamericano autorizó la explotación particular de los cascos hundidos. En el crucero acorazado Vizcaya (embarrancado por el capitán Antonio Eulate en el arrecife frente a El Aserradero) aún quedaban esqueletos desgarrados por los tiburones y otros peces. Los buscadores recuperaron sables y revólveres y una caja fuerte con 2100 centenes (Cervera, Navarro y Rubio, 2018).

Según estos autores, con la ayuda de explosivos, el atípico conglomerado de gentes (jamaicanos, americanos y otros aventureros) se lanzó a la depredación de los restos, pereciendo por imprudencia 11 de ellos, logrando recuperar el equivalente de 13 000 pesos en monedas inglesas y españolas (Cervera, Navarro y Rubio, 2018).

En el propio barco, a principios de la década del sesenta, un pescador submarino de Santiago de Cuba, nombrado Manolito «el Loco», colectó, de entre los escombros, la empuñadura de un sable correspondiente a un oficial español.

Entre 1965 y 1970, otro cazador submarino de dicha ciudad, llamado Sojo, nos confesó que durante el desarrollo de la actividad subacuática en el cazatorpedero Plutón, descubrió, accidentalmente, 56 monedas de oro, al parecer sacadas a la luz por un fuerte mar de fondo, sin que comentara lo que hizo con ellas.

Buceando en lo que resta del crucero acorazado Almirante Oquendo, en 1982, detectamos tres casquillos de fusil Máuser español, 7 milímetros, disparados durante el combate contra la flota de los Estados Unidos, por la infantería de marina destacada en el navío embarrancado, junto a dos cintas de cobre, de las que unían las cajas de madera transportadoras de proyectiles y diversos suministros militares.

Tenemos información, de primera mano, de que, al principio del decenio de 1990, el Departamento de Arqueología Subacuática de la Academia de Ciencias de Cuba, en Santiago de Cuba, rescató balas, casquillos, una bañadera y un cañón en el pecio del Plutón, que fue intercambiado por la montura del caballo del general, caído en combate, Antonio Maceo Grajales, exhibida en un importante museo de la capital española.

«El Colón ha sido mudo testigo de acciones extremas, como fue el hecho de dinamitarle la amura de babor en 1985, para abrir un acceso hacia un compartimento donde supuestamente estaría un arcón con la paga de la flota. Esto fue el móvil para que el reconocido investigador y buceador Jaques-Ives-Cousteau volara una parte de la banda del pecio, en busca de lo que aún hoy no se sabe si encontró» (Cervera, Navarro y Rubio, 2018).

Durante una breve visita al antiguo Palacio de los Capitanes Generales en La Habana, en 1979, observamos unos bellos adornos de orfebrería, confeccionados por joyeros de aquella época, utilizando monedas rescatadas en pecios de la escuadra de Cervera.

Como hemos podido apreciar, en síntesis, desde el mismo momento de su destrucción, los barcos que integraban la Escuadra de Operaciones, comandada por el contralmirante Pascual Cervera y Topete, resultaron víctimas de la depredación, huérfanos de leyes que los protegieran, y pensamos que la breve relación expuesta tan solo constituye la punta del iceberg del problema.

Aventureros, buscadores de tesoros, curiosos, chatarreros y submarinistas —entre otros— han metido sus manos sin control durante décadas, en los venerables despojos, las más de las veces con inescrupulosos propósitos lucrativos.

Producto de ese abandono y sistemático saqueo del patrimonio histórico subacuático, a la postre se ha intentado atajar el antiguo mal con declaraciones y legislaciones al respecto. Ojalá cumplan su cometido.

XXXVI.- El jagüey de los cangrejos

Esa mañana, como cada día, recorrimos a pie el extenso y accidentado terreno, por entre cañadas, barrancas y densos espinales de «aroma» y «marabú», en las áreas adyacentes a las playas de Sardinero y Justicí, en el litoral este de Santiago de Cuba. Desembocamos en una planicie, con intricada vegetación, donde abundaban los crustáceos con los que ganábamos el pan de cada día.

Nos separamos decenas de metros, procurando mantener el contacto visual, lo que resultaba difícil en medio de la tupida manigua. Entusiasmados por las capturas, dejamos de vernos unos minutos; cada cual llenaba su saco de yute con hermosos cangrejos «caro», rojos, amarillos y anaranjados.

Dentro de la foresta circundante, Mariblanca observó un inmenso jagüey, copioso e impresionante, que descollaba en la vastedad del paraje. Encaminó sus pasos hacia él. Ya bajo la agradable y fresca sombra de su follaje, advirtió una gran concentración de estos animales. Entonces se lanzó a su captura; nosotros, entre tanto, nos enfocamos en atrapar a los que, dispersos y huidizos, se refugiaban en la maleza.

Al acercarse a sus inextricables y colgantes raíces, recibió, en medio del calor, un gélido soplido, escalofriante, sobre su nuca, que le erizó la piel a su máxima expresión. Se dispararon sus alarmas extrasensoriales y captó, alarmada, la inquietante presencia de oscuras energías, agrupadas en el descomunal espécimen botánico. Se sintió rodeada, asediada, rechazada por las entidades incorpóreas —nada acogedoras— allí radicadas.

Aterrada y en temblores, emprendió un acelerado escape, intentando hallarnos en el territorio, al tiempo que nos llamaba a viva voz. Coincidimos en un claro y se nos arrojó encima.

—¿Qué sucede, mujer? ¿Por qué corres y gritas de ese modo? —preguntamos al apreciar su agitación y la palidez de su rostro.

—Nada, Ramón, que me extravíe y sentí mucha angustia. ¡Gracias a Dios que te encontré! —respondió—. ¿No hay cangrejos por allá?

—Ni uno —contestó.

Al cabo de varios días, la convidamos a incursionar, de nuevo, en el paraje. Ante su rotunda negativa, solicitamos que explicara la razón. Fue así como reveló su traumática vivencia, la cual no deseaba, por nada del mundo, experimentar otra vez.

XXXVII.- Mágico sincronismo

Esa tarde, de principios de los años noventa, nuestro hermano Gabriel se sentía muy triste, por un recurrente problema familiar al que no vislumbraba solución. Abrumado, recogió sus cosas para partir de la casa de sus padres, próxima a la playa de Caletón Blanco (donde pretendía pasar con su esposa e hijos el fin de semana) rumbo a la suya, en el poblado de Cuabitas.

Afectado por el frustrante contratiempo, sintió la inspiración de agarrar sus binoculares para echarle un vistazo al mar, como despedida, buscando un poco de sosiego con el efecto relajante derivado de la contemplación del inmenso azul. Siguió el angosto trillo de la propiedad, que culminaba en las rocas calizas del mucaral, donde radicaba el pesquero de papá.

La fresca brisa oceánica le recibió tan pronto como superó la tupida barrera de plantas de uva caleta. Urgía desestresarse, despejar la mente antes de conducir su vehículo por más de una treintena de kilómetros de carretera, rumbo a su morada.

Buscó un sitio apropiado donde sentarse, libre de las agudas y lacerantes puntas del «diente de perro» implacable, e inspiró profundo el puro y salitroso aire imperante. La tarde avanzaba ya y el astro rey se acercaba a su ocaso, por lo que la contemplación del espectacular escenario resultaba agradable, libre de los refulgentes e hirientes rayos solares, al rebotar sobre el espejo del mar.

Gabriel miró extasiado a lontananza, al punto donde convergen cielo y mar, para poner límite a nuestro alcance visual. Alzó entonces sus prismáticos, a la altura de los ojos, ajustándolos a sus cuencas, para observar el lejano horizonte. En ese preciso instante, ni un segundo más, ni un segundo menos, ocurrió un mágico sincronismo, un sublime y enajenante espectáculo que lo dejó anonadado: tres hermosos delfines saltaron sobre las aguas, con una perfecta e impecable sincronización, en un efímero vuelo, que le sustrajo por completo del entorno, y, al caer en el líquido elemento, se perdieron de su vista para siempre.

El insospechado evento —que conmovió su ser— lo interpretó como algo verdaderamente insólito, esotérico. Por eso, en su fuero interno se preguntaba:

¿Cómo era posible que en el preciso tiempo de colocar los binoculares en sus ojos, saltaran, rozando el horizonte, los delfines? Que lo hiciera uno, sería algo realmente sorprendente; dos, extraordinario ¿pero ¡tres!? Sin dudas, fenomenal, diríase que colindante ya con el campo de lo sobrenatural.

Impresionado, marchó de vuelta por el trillito, meditando en la singular extrañeza de lo acontecido allí. Reflexionó que aquello encerraba un importante mensaje con un significado especial, de renovación, esperanza y optimismo, que repercutiría, favorablemente, en su estado de ánimo, a partir de ese momento.

Comprendió que Dios a veces nos habla a través de la naturaleza, mediante un lenguaje simbólico, sui géneris, poco ortodoxo, el cual, por nuestra incapacidad y arrogante ignorancia, no logramos descifrar, y mucho menos entender. Por ello, desde esa fecha, se propuso tomar aún más en cuenta estas señales y abrir la mente hacia las mismas, en aras de su «lectura» e interpretaciones correctas, con seriedad, humildad y responsabilidad absolutas.

Todavía hoy, cuatro décadas después del excepcional avistamiento, lo recuerda emocionado, como una privilegiada y alucinante experiencia, probablemente irrepetible en la vida.

XXXVIII.- Costa Pinto

Nos despedíamos de nuestro amigo y colega, el licenciado Jorge Bretones Osorio, en el parqueo de su casa en Vista Alegre. La tarde avanzaba hacia el ocaso y, cuando pretendíamos abordar el triciclo, inesperadamente se presentó un perrito saltando alegremente, saludándonos.

—¿De quién es este animalito tan simpático? —preguntamos.

—Se apareció hace unos días en el taller adyacente, pero nadie lo quiere —afirmó Bretones, quien prosiguió—: Sospecho que alguien, de no muy buen corazón, lo abandonó a su suerte en la calle y el infeliz no ha encontrado aún quien lo adopte —expresó moviendo lateralmente la cabeza.

—Pues si es así, ¡ya lo halló! —Al instante en que lo cargábamos y depositábamos en la cama del vehículo.

—Le vas a hacer un gran favor, porque con ustedes tendrá amor y cuidados —sentenció Bretones con una sonrisa en los labios.

—De eso puedes estar seguro.

Arrancamos el triciclo y pusimos rumbo a nuestra casa en Cuabitas. Indescriptible la algazara y alegría familiar con su presencia. El cachorro lució feliz, en su nuevo hogar.

Los muchachos le nombraron Costa Pinto, por un peculiar personaje de una telenovela brasileña, muy popular en Cuba por aquellos días. El perrito había sido bien educado por sus pretéritos dueños: buenos hábitos, obediencia a las órdenes y excelente guardián de la casa. Le encantaba jugar con los niños, sin lastimarlos con sus agudos colmillitos; por ello, lo transportábamos a diferentes lugares, sobre todo a la costa, donde solíamos acampar durante pesquerías, exploraciones arqueológicas y otras actividades.

Una vez en que cortábamos la hierba en la casa de Cuabitas, Mariblanca nos trajo un vaso con limonada. Tomamos un breve receso para calmadamente beberlo. Desconocemos en qué momento una enorme tarántula trepó su bata, sin que nadie se percatara de ello; entonces el vivaz perrito brincó y la agarró en su boca y, mediante fuertes apretones y sacudidas, la mató. Quedamos impactados y agradecidos de su rápida, inteligente y efectiva intervención, que libró a nuestra esposa de los temibles garfios del impresionante arácnido.

En otra oportunidad en que laborábamos en la comarca de La Batea (enclavada al norte del histórico poblado de El Caney) durante las excavaciones que junto a Bretones practicamos en el destacado sitio arqueológico homónimo (que Ramoncito descubrió allí), nos disponíamos a entrar en la tienda de lona donde dormíamos, cuando Costa Pinto, siempre a la vanguardia, se detuvo y comenzó a ladrar intensamente hacia su interior. Aguardamos fuera, desconociendo lo que pasaba; entonces penetró bravío en ella, y comenzó a luchar con algo que no conseguíamos distinguir. «¿Qué estará sucediendo? ¿Contra quién peleará?», nos preguntábamos internamente, intrigados. En eso, el perrito salió mordiendo y sacudiendo violentamente su testa, con un enorme alacrán negro, que, finalmente, arrojó al suelo inerte.

Una vez más nos libró de un insospechado y serio percance, sobre todo a Mariblanca, que, en el pasado, siendo niña, estuvo grave por la ardiente picadura de un escorpión similar.

Por estas y otras acciones, el noble y valiente animalito fue ganando, día a día, la admiración, el cariño y la confianza entre nosotros, conscientes de que nos libraría de alimañas peligrosas, tanto en la costa como en los bosques, donde también solíamos pernoctar con frecuencia. Su asistencia se hizo imprescindible en todas las excursiones planificadas.

En 1989 armamos campamento a la vera del río Guamá, cerca de su desembocadura en el mar Caribe, en el municipio homónimo, provincia de Santiago de Cuba. Ahí descubrimos, junto a los licenciados J. Bretones y J. Trapero, un residuario arqueológico, de cultura agro-alfarera (subtaina) sumamente deteriorado por movimiento maquinizado de tierra, extendido entre la desembocadura del río, al que ya hemos hecho referencia, y una laguna de aguas saladas, ubicada al poniente, en la que capturábamos hermosas jaibas azules.

El día en que retornábamos a Santiago, con todo el material antropogénico recuperado, sucedió algo verdaderamente raro. A Costa Pinto le sobrevinieron unos ataques sin precedentes. Temblaba, perdía el conocimiento en aparentes estertores finales. Los niños, inquietos y angustiados, con desesperación, solicitaban ayuda.

¿Qué le ocurría al entrañable animalito? Nos preguntábamos.

¿Será un ataque repentino de epilepsia?

¿Lo picaría —o mordería— una entidad biológica, tóxica o venenosa?

¿Absorbería algo espiritual (brujería, maleficio, etc.)?

A los chicos se les ocurrió taparlo con un cajón, para protegerlo de los ardientes rayos solares: entonces, sin planearlo, principiaron a golpear su parte superior con unos palitos, como tamborileros. Llevaban escasos segundos en ello, cuando pararon y levantaron el cajón. ¡Sorpresa! Costa Pinto estaba enhiesto, sacudiendo la colita, saltando de júbilo a los presentes.

Acto seguido, emprendió una carrera en círculo alrededor de los desconcertados observadores y, súbitamente, se desplomó de nuevo, convulsionando hasta el desmayo, hundiéndose en algo similar a un coma.

Nuestros hijos lo cubrieron otra vez con el cajón «resucitador», emprendiéndola a porrazos contra el mismo. En breve, detuvieron la acción y alzaron el mágico cobertor: allí comparecía Costa Pinto, de pie, y meneando la colita, correteando en círculos hasta caer desmayado de nuevo.

Con otro toque de tambor, salió disparado como flecha, hasta que se desplomó, por cuarta vez, y ya no hubo bulla ni redoble que lo sustrajera del súbito mal que lo afectaba.

Tristes y apesadumbrados, lo situamos inmóvil a la sombra de un arbusto y empezamos a cargar las cosas para «La Paloma», como llamábamos a la blanca camioneta del trabajo, recién arribada al punto a buscarnos.

Cuando nos disponíamos a recoger el cadáver del perrito, impensadamente este se incorporó, movió el rabito feliz, como si no hubiera acontecido nada.

Vale insistir que estos misteriosos e insólitos ataques jamás se suscitaron antes ni después de aquel día.

Un año más tarde, nos mudamos a un apartamento en el quinto piso del edificio 88 del Micro III, en el reparto Abel Santamaría. En el balcón trasero, ubicamos a Costa Pinto, donde disfrutaba de sol y sombra, de dos salidas diarias (en la mañana y al atardecer) para que se ejercitara y evacuara sus desechos corporales. El disciplinado animalito, descendía la larga escalera y, en el terreno existente entre los edificios lo hacía, y unos minutos después, subía los sesenta y cinco peldaños y raspaba la puerta del apartamento para que le abrieran. Ya dentro, se encaminaba directamente, sin que nadie lo mandara, a la terraza.

Transcurrió el tiempo y una mañana Costa Pinto bajó, como de costumbre, para ejecutar sus necesidades fisiológicas. Mariblanca comenzó a preocuparse por su inusual demora. Se asomó al balcón delantero y lo llamó, sin resultado. Luego se trasladó a la primera planta y lo buscó, infructuosamente. Cuando los niños regresaron de la escuela, hicieron lo mismo, pero nada; la noche extendió su manto negro sin que este apareciera.

En días sucesivos, preguntamos a los vecinos y a los compañeritos de colegio si le habían visto, sin éxito. Poco a poco, perdimos la esperanza de encontrarlo. El temor de perderlo para siempre nos golpeaba pertinazmente en la mente.

Por esa fecha, ya imperaba en Cuba el denominado «Periodo especial en tiempos de paz» (menos recursos alimentarios, de combustible, transporte, energía, etc., para el sufrido pueblo oprimido, no para la casta gobernante). Mucha gente, desesperada, emprendió la captura y el robo de perros y gatos, que sacrificaban e ingerían para suplir la carencia de proteína cárnica.

Un mediodía en que regresábamos de nuestra labor, sin saber por qué, tomamos, por primera vez, un trillo que pasaba por un vertedero clandestino, donde los habitantes del Micro III arrojaban basura y escombros, ante la falta de vehículos estatales para recogerlos. Desafortunadamente, dentro de la acumulación de los más plurales desechos (donde reinaba un ambiente extremadamente fétido e insalubre) advertimos numerosas cabezas de felinos y de cánidos, de diferentes colores y tamaños, cuyos cuerpos habían sido consumidos por humanos.

Gran dolor, tristeza e impotencia, produjo hallar ahí la cabecita de la querida y fiel mascota, que pervive en nuestro corazón con un grato recuerdo imborrable.

XXXIX.- El Fantasma de la casa de Elsa

En el decenio del sesenta del pasado siglo, Elsa Martínez, la hermana mayor de Mariblanca, compró una casa detrás de la tienda de ropa La Ópera, en el pueblo de Pilón, provincia Granma, cercana a la línea férrea cañera, correspondiente al antiguo central azucarero Cape Cruz, inexistente en la actualidad.

La vivienda en cuestión, que disponía de una sala, dos habitaciones, una cocina-comedor y un baño, perteneció a un matrimonio, de antaño conocido por la familia Martínez Sánchez.

Resulta que la anterior dueña falleció ahí, durante el desarrollo de un aborto fatal. El esposo, atormentado por la pérdida, no resistió prolongar más su estadía en la casa, por lo que tomó la drástica decisión de venderla y marcharse a otro lugar.

Llevaba Elsa escaso tiempo ocupándola, cuando una noche, en que dormía profundamente en su recámara, la despertó un atípico y persistente ruido, proveniente del interior de su armario. En el silencio nocturno revolvían su contenido, como buscando algo. *A priori*, atribuyó su autoría a alguna de sus hijas y se dispuso a averiguarlo de inmediato; alzó el mosquitero, puso los pies en el frío suelo y distinguió, sorprendida, a una mujer de espaldas, blanca, alta, más bien delgada, con un hermoso pelo castaño claro, que le caía por debajo de la cintura, quien, al percatarse de que había sido descubierta, abandonó con celeridad el punto, apartando la cortina de su entrada.

Convencida ya de su error de presunción, decidió perseguir a la intrusa, pero esta se desvaneció súbitamente, frente a sus azorados ojos. Sin embargo, lo más impresionante —y desconcertante a su vez— resultó la identificación indubitable de la aparecida, como la pretérita propietaria de la vivienda, muerta a consecuencia del aciago aborto, al que hemos hecho referencia.

Elsa no sería la única en confrontar un inesperado encuentro con ese espíritu. En efecto, una noche, Morito —su cuñado— descansaba tranquilamente en la segunda habitación, cuando advirtió, aterrado, al fantasma acostarse a su lado. De un salto, abandonó el aposento, con tal escándalo, que despertó a todos los presentes.

Asustadísimo, la describió asombrosamente igual; «joven esbelta, de tez blanca y larga cabellera castaño-clara». Ya no restaban dudas acerca de su identidad.

Otro testigo del recurrente fenómeno fue el señor Martínez, quien afirmaba, categóricamente, que la avistaba en distintas áreas de la morada, sobre todo en horas de la noche. Aducía no temerla, porque jamás le agredió; solo ejecutaba acciones que tal vez formaban parte de la rutina cotidiana de su caducada existencia carnal.

Por otra parte, Isabel, hermana de Elsa, quedó un tiempo en la casa para cuidarle a los hijos pequeños mientras ella trabajaba. En cierta ocasión, escuchó los pasos de alguien que transitaba por el pasillo lateral del domicilio y se detenía delante de su entrada delantera. Presumiendo de que se trataba de alguno de los moradores, acudió presta a recibirle. Al abrir la puerta, se topó con el pasillo completamente vacío. Un escalofrío arropó cada milímetro de su piel. Trancó rápidamente la puerta y aguardó ansiosa por el retorno de sus familiares ausentes.

Todo parece indicar que, a causa de su inesperado y repentino deceso, el alma de la joven mujer no estaba preparada para abandonar su envoltura carnal, por tanto, no aceptaba su nueva condición: que ya era espíritu y no materia, lo cual parece explicar su rotunda negativa a abandonar el hogar, por el que se desplazaba como un residente más, muy apegada, aún, al reino de los vivos.

XL.- El cadáver

A principios de octubre de 1963, la costa suroriental de Cuba se vio fuertemente azotada por el ciclón Flora, considerado entre los más mortíferos de la historia. Su demoledor desplazamiento, lento y errátil, ocasionó ruina, muerte y desolación en buena parte del territorio oriental.

Las intensas lluvias provocaron el desbordamiento de ríos y arroyos, que, sumado a las penetraciones del mar, provocaron graves daños. Muchas viviendas cercanas a los cauces resultaron arrastradas y devastadas por completo. Cosechas enteras, centenares de árboles se perdieron, así como un elevado número de vacas, cerdos, caballos, cabras, aves de corral y otros animales domésticos, amén de la fauna salvaje, imposible de controlar.

Carreteras, caminos, cementerios, puentes, muelles y otras estructuras fueron barridos de la faz de la tierra. Algunos poblados quedaron totalmente aislados, incomunicados, a causa de las terribles inundaciones. Hubo que evacuar a mucha gente atrapada, utilizando botes y chalanas, que navegaban en las calles como si fuera Venecia.

Tan solo por citar dos ejemplos al respecto, diremos que en Camaroncito el río local devoró —desapareciéndolo— el antiguo cementerio; en El Macho, la furia del mar arruinó con saña su viejo muelle.

Las fuertes marejadas, generadoras de enormes olas, lanzaron a la orilla cientos de peces, de todas las formas, tamaños y colores, tanto de la plataforma insular como del «alto», es decir, de las grandes profundidades oceánicas, quemados en grandes hogueras, para combatir el mal olor y la posible propagación de epidemias.

Las aguas, descontroladas, descendían implacables de la cima de la serranía, arrasando con todo lo que se interponía a su impetuoso caudal.

Desgraciadamente, no pocas personas sucumbieron durante el violento fenómeno meteorológico; algunos cuerpos aparecieron cuando este finalmente se alejó. Otros, se perdieron para siempre.

Unos vecinos de El Macho que recorrían la costa, una vez retornada la calma, hallaron, entre Las Llanas y Botijuela, el cadáver, sumamente lacerado, sin cabello e hinchado, de un hombre completamente desnudo, seguramente atrapado de improviso por la corriente del río Magdalena, donde lamentablemente se ahogó. Al arribar a su desembocadura, lo arrojó al bravío mar, donde permanecía a casi un centenar de metros de la orilla, bloqueado por una enmarañada barrera de troncos, árboles y escombros de diversa índole.

Llamó significativamente la atención de los lugareños un brazo alzado que sobresalía de las aguas y que parecía saludar o indicar su ubicación, para que le rescataran. Sin pensarlo dos veces, cuatro expertos nadadores se lanzaron al salino y turbulento elemento para recuperarlo, entre ellos nuestro cuñado Osvaldo Martínez Sánchez. Conducido a la playa, cundió la voz y los curiosos se agruparon en derredor. Asombrados, observaban aquellos restos con temor, respeto y compasión.

«¿Quién será el desdichado? —se preguntaban—. ¿De dónde vendrá?».

«¿Lo estarán buscando?».

«¿Qué vamos a hacer?».

Ante tan grande y avanzado grado de deterioro y descomposición cadavérica, optaron por cavar un hueco profundo para darle cristiana sepultura, en el propio terreno de su hallazgo. Previamente redactaron un documento, algo así como un acta de testificación, que fue firmado por todos los presentes.

Debido a la ausencia de familiares o amigos que reclamaran el desfigurado cuerpo, una señora católica, muy piadosa, llamada Zoila Cintra, rezó mucho por el reposo de esa desdichada alma, y para que Dios concediera paz y resignación a sus ignotos parientes, que seguramente le buscaban con desesperación.

Concluida la improvisada y espontánea ceremonia de despedida, con extrema dificultad, echaron el inflado y maloliente difunto a la sepultura, y lo cubrieron con tierra los voluntarios de la localidad, desagradable y triste operación que ejecutaron pañuelo en boca, para reducir el insoportable hedor.

Transcurrieron los días y la gente se dedicó a distintas tareas de reparación de los cuantiosos daños. A través de personas que incursionaron en el litoral buscándole, la buena señora Zoila se enteró de algo que la dejó anonadada y abatida: resulta que el cadáver, por el que oró encarecidamente, era el de un sobrino suyo, muy amado, sorprendido por la fuerza hídrica desatada durante el brutal huracán, y que, producto de la extraordinaria deformación y deterioro anatómicos, a que hemos hecho referencia, quedó irreconocible.

Con esta insospechada revelación, el misterio imperante en torno a la identidad y procedencia del occiso fue finalmente esclarecido.

A Zoila le asistió el consuelo de que, a pesar de ignorar por completo quién era el difunto extraído del mar, le despidió cristianamente, con sentidas palabras y fervientes oraciones en beneficio de su alma, sin dudas, una acción altamente positiva ante los ojos de Dios.

BIBLIOGRAFÍA

Andrews, T. *Sea Psíquico*. Traducción al español por Héctor Ramírez y Edgar Rojas. Llewellyn Español. St. Paul MN USA 2004.

Cervera Fontani, A. L., Navarro Chueca, F. J. y Castaño Rubio, T. *Los pecios españoles de la guerra hispano-norteamericana de 1898 en Santiago de Cuba*. Revista Anales de la Real Academia de Cultura Valenciana (RACV) N.º 93, Vol. 2, 2018 p. 749-774.

Kardec, A. *El libro de los espíritus*. Traducción de autor desconocido revisada por Salvador Gentile. Mensaje Fraternal. Impreso en Colombia.

Kardec A.: *El libro de los médiums*. Traducido de la última edición francesa. De Pablo Internacional INC. Impreso en Colombia.

Kardec A. *El evangelio según el espiritismo*. Traducción de autor desconocido. Revisada y corregida con la 3.ª edición francesa por Salvador Gentile. Impreso en Colombia.

Kardec A. *EL GÉNESIS, LOS MILAGROS Y LAS PROFESÍAS*. 1.ª edición, abril 2005. Grupo editorial Tomo, S. A de C. V. México, D. F.

La Grand, Louis E. *Mensajes de Alivio* (Comunicación después de la muerte). Llewellyn Español. St. Paul, MN USA 2001.

Martínez Arango, F. *Superposición cultural en Damajayabo*. Editorial Ciencia y Técnica. Instituto del Libro. La Habana, 1968.

Martínez Arango, F. *Los aborígenes de la cuenca de Santiago de Cuba*. Ediciones Universal, Miami, Florida, 1997.

Navarrete, Pujol, R. *Catálogo Arqueológico de Santiago de Cuba.* Mecanuscrito ilustrado. Santiago de Cuba, 1990.

Navarrete, Pujol, R. *En torno a la interacción con los espíritus.* Editorial Ibukku, USA. 2021

Navarrete, Pujol, R. *Bajo la sombra del misterio.* Editorial Ibukku, USA. 2023.

Ribb, A. *Espiritismo.* DIPEL. Impreso en Colombia.

www.ingramcontent.com/pod-product-compliance
Lightning Source LLC
LaVergne TN
LVHW051216070526
838200LV00063B/4923